I0017975

Technologie überschreiben

Arbeit lehren

BY H.A DAWOOD

Inhalt

Andere Formen von organisieren der Information,von
vertreten und von erzählen. Es audiovisuell, es Multimedia

2

Informations- und Kommunikationstechnologien (IKT) regen Veränderungen an, die sie umfassen das gesamte soziale Leben auf planetarischer Ebene. Allerdings darüber hinaus die vielversprechenden Reden, die Männer und ichFrauen auf der ganzen Welt als „con- Verbraucher und Nutzer einer technologischen Welt", die Integration von IKT in verschiedenen Ländern, geografischen Regionen und sozialen Gruppen tritt nicht einheitlich auf. Die Einlegevorgänge sind aufwendig, oft dual und nicht greifend alle der Population durch gleich. Ist notwendig erkenne, durch ein Seite, was der Erweiterung von der Massenmedien und digitale Technologien verbessern die Produktion, Zirkulation, Speicherung Speisen und Empfang verschiedener Botschaften in großer Entfernung und Größenordnung. Aber andererseits zum motorisieren Ungleichheiten an der betreten zu der Information und zum Wissen, Zunahme bestehende wirtschaftliche, soziale und kulturelle Unterschiede. Die sogenannte „digitale Kluft" istdynamisch und beinhaltet Aspekte im Zusammenhang mit der Ungleichheit beim Zugang zur Infrastruktur, Unterstützungen oder Konnektivität, in den Möglichkeiten der Interaktion und in den Möglichkeiten von Aneignung auf Seiten von erheblich Benutzer.

Durch der Moment, dann, der Verbreitung von der TIC Ich kenne gibt an der Rahmen von ein „Welt-Asymmetrie" [1] Förderer von Ungleichgewichten, die die Variablen lediglich überschreitentechnologisch. ZU wiegen von es, der Medien von Kommunikation und der Technologien Digital vonder Information verfügen über ein Einschlag an der Aufbau der um herum Material und symbolisch Von WHO Transit der Neu Jahrhundert? Die TIC eingreifen so sehr an der Produktion von Warenund Dienstleistungen was an der Prozesse von Sozialisation. Seine Bedeutung Lügen an der kann zumvermitteln die Bildung von Meinungen, Werten, gesellschaftlichen Erwartungen, Gefühls- und Denkweisenund Handlung an der Welt. A) Ja, an ein die Gesellschaft wo der Gruppen Sozial Ich kenne finden jeden Zeit Plus fragmentiert, der Technologien von der Information und der

4

Kommunikation Sie sind Kanäle von Verkehr von Darstellungen und Ideen an Drehkreuz zu der welcher der Population segmentiert kann finden Punkte von Kontakt und Verbindung. Von ist Perspektive, der TIC verfügen über ein Funktion kulturell zentral: aufbauen der Wissen was der Fächer verfügen über an der die Gesellschaft was Hub- damit. Aber Ich kenne behandelt von ein Gebäude selektiv durchquert durch der Sättigung von Information, durch ein Seite, und durch andere, durch der Gegenwart von der Medien fest von Kommunikation mit konzentrierenZinn an der Produktion von Inhalt und ein stark Impressum von der Logik der Markt.

Bildung verhält sich in diesem soziokulturellen Kontext eher als Variable was definieren der Eintrag oder der Ausschluss von der Fächer zu der unterschiedlich Gemeinschaften. Ist was derBereich Schule Folgen Sein ein Platz privilegiert zum der Wissen und Interventionüber die komplexen Phänomene, die für Koexistenz und sozialen Wandel notwendig sind. Ist Aus diesem Grund ist der Einsatz von IKT in der Schule mit der Alphabetisierung in der Schule verknüpft neue Sprachen; Kontakt mit neuem Wissen und die Reaktion auf bestimmte Anforderungen derArbeitswelt. Aber auch die pädagogische Integration von IKT erfordert Schulungen Fähigkeit, diese vermittelte Realität zu verstehen und daran teilzunehmen. In diesem Sinnvolle systematische Ausbildung ist eine Chance für Jugendliche und Erwachsene sowohl nachdenkliche Konsumenten als auch kreative Kulturproduzenten werden. Ist eine Gelegenheit, Wissen und Fähigkeiten zu entwickeln, die bloßer Kontakt mit Technologien und deren Produkte nicht unbedingt generieren.

Die politische Relevanz der inklusiven Rolle der Schule rund um die Problematik TIC war explizit gemacht vor kurzem an der Rahmen der Debatte von der Neu Gesetz von BildungNational. Die dokumentieren eingereicht zum der Diskussion öffentlich zugänglich gestellt der Verantwortung des argentinischen Nationalstaates, "seitdem einen gerechten Zugang zu garantieren hängt von den zukünftigen Fähigkeiten der Schüler ab, um das Beste daraus zu machen intelligenter Einsatz von IKT, sei es für den Zugang zu Kulturgütern oder für den ErwerbKompetenztraining für die Arbeitswelt. Die Schule – so der Text – „muss eine grundlegende Rolle übernehmen, weil es der Raum ist, in dem alle Jungen und Mädchen jung sind und Erwachsene können effektiv auf digitale Kompetenz zugreifen. So ging es und Die Mission der Schule ist auch heute noch der Eintritt von Kindern in die literarische Kultur sie muss das Erlernen und den Gebrauch neuer digitaler Sprachen einbeziehen." In demderzeit durch die Artikel 7 und 8

5

des Nationalen Bildungsgesetzes (Nr. 26.206) Gesetze an ist Wirklichkeit. Die Zustand "Garantien der betreten von alle Ihnen Bürger/Informationen und Wissen als zentrale Instrumente der Partizipation in einem Entwicklungsprozess mit wirtschaftlichem Wachstum und sozialer Gerechtigkeit", und behauptet dass „Bildung die notwendigen Möglichkeiten zur Entfaltung und Stärkung der Ausbildung Integral- von der Menschen zu es Länge von alle der Lebenszeit und fördern an jeden erziehen-die Fähigkeit haben, ihr Lebensprojekt zu definieren, basierend auf den Werten Freiheit, Frieden,Solidarität, Gleichberechtigung, ich respektiere zu Diversität, Die Gerechtigkeit, Verantwortung u Gut gemeinsam".

Dieses Szenario lädt die Schule ein, über die Vorschläge zum Einfügen nachzudenken artikuläre, didaktische Strategien und institutionelle IKT-Managementmodelle. Aber, Grundsätzlich fordert sie sie heraus, die Formen der Wissensvermittlung zu überdenkenwerden in ihren Klassenzimmern eingesetzt. Damit die pädagogische Integration von IKT in eine Gelegenheit zur Inklusion zu gießen, muss für diejenigen, die daran teilnehmen, von Bedeutung seinihr. EIN einfügen Wirksam Nein Ich kenne kann geben Sie zum Rand vor. der Prozesse historisch, Kultur-Schienen, Politiker und billig durch der welcher der Fächer Transit. Muss Antwort zu

Ihr Realitäten, Sorgen, Interessen, Wissen und Erwartungen. Forderungen geben Sie der Wort zuder Studenten, Gib sie zurück sichtbar und erkenne sie was Fächer kulturell an ein Hier und jetzt.

Von dort der Anfang der Schule Argentinien Ich kenne besorgt durch "aufbauen Gleichberechtigung", durch beitretenzu der unterschiedlich an Drehkreuz zu ein Entwurf gemeinsam. Aber der System lehrreich traditionellwurde nach dem Prinzip der homogenen Versorgung konzipiert. Heute, obwohl sie sich Sorgen machen toons bleiben die gleichen, die neuen kulturellen Mechanismen der Gesellschaft und der Wissensökonomie neigt dazu, Besonderheiten zu respektieren. Schulen gehen Annäherung an Informations- und Kommunikationstechnologien in sehr vielfältig, verhandeln Komm herein der Progress Medialer Tick und technologisch, der Kulturen organisieren-Nationalitäten, die Bedürfnisse von Lehrern, Generationenunterschiede und Aneignungen Autonomie junger Menschen und die Erwartungen der Gemeinschaft. Daher öffentliche Politik Öffentliche Gesetze erfordert die Berücksichtigung der Institutionen und Subjekte einer Situation. Wann an der

6

gegenwärtig Ich kenne Gespräche von Gleichberechtigung an der Schule, Ich kenne Überlegen an ein Gleichberechtigung Komplex.Eine Gleichheit, die die Unterschiede ermöglicht und wertschätzt, die jeder Einzelne als Mensch einbringt.Nein. Von Ost Modus, der Schule an so sehr Agentur Sozial Ich kenne wieder einsetzen an der dynamisch kulturell.es wird als fruchtbarer öffentlicher Raum für die "Bürgerung der Probleme von" revitalisiert der Kommunikation" 2. ist was mit der Integration von der TIC zu Projekte quer und SIG-Bezeichnenderweise ist die Schule an verschiedene Bewegungen der Zivilgesellschaft gekoppelt, die spielenein Rolle lebenswichtig an der Schutz und Beförderung von der Diversität von der Ausdrücke von der Kulturund Zugang zu Wissen.

Ausbildung an TIC

Die Einbindung von IKT in die pädagogische Arbeit von Schuleinrichtungen ist beendet. ausgestreckt durch der Ministerium von Bildung, Wissenschaft und Technologie (Emceed) was Teilinklusiver Maßnahmen, die darauf abzielen, die derzeit bestehenden Bildungslücken zu verringern existieren an Argentinien. Die Ungleichheit von Gelegenheiten was leiden Jugendliche geschultZugehörigkeit zu Sektoren unterprivilegiert von der die Gesellschaft ist konzipiert was ein Ärger nicht nur wirtschaftlich, sondern auch politisch, pädagogisch und kulturell. Die Unterschiede in den MöglichkeitenNachthemden des Zugangs zu Technologie implizieren derzeit auch große Entfernungen die Möglichkeiten des Zugangs zu kulturellen Produkten, Informationen und Wissen, die Auswirkungen auf die Konstruktion von Subjektivität, zukünftige Lebensentwürfe und die Bürgerbeteiligung der neuen Generationen. Deshalb ist die Integration von IKT in der Schule wird aus dem vorliegenden Vorschlag nicht als Problem verstanden nur technisch und instrumental. eingestiegen von ein Perspektive lehrreich und kulturell,die Einbeziehung von Informations- und Kommunikationstechnologien in den Unterricht erfordert die Entwicklung analytischer, kognitiver, kreativer und kommunikativer Fähigkeiten Schüler, Lehrer und Direktoren, die sowohl die signifikante Aneignung der zirkulierendes kulturelles, technologisches und informationelles Angebot wie die Produktion von Botschaften die für die persönliche, berufliche und bürgerliche Leistung in einer pluralistischen Gesellschaft erforderlich sind. Clever und demokratisch.

An Linie mit ein Perspektive lehrreich und kulturell, dann, der Integration von TIC zu der Profi-setzen pädagogisch kann in Betracht gezogen werden was Teil von ein Politik inklusive wann: betrachtet

zu jeden Schule Was Center von Verlängerung von der Angebot technologisch und kulturell; Ich kenne Sorgen durch der Wachstum von Fähigkeiten Nein nur Techniken Andernfalls auch kognitiv, kreativ und kommunizieren- Krawatten notwendig zum der Leistung Gegenwärtig und Zukunft von der Jugendliche; begreift zu Die Technologie und die Prozesse der Zirkulation und des Konsums von Informationen oder Kulturprodukten wie z ein Gegenstand ständiger Problematisierung; Technologie und Informationen integrieren Lehren an unterschiedlich Felder disziplinarisch; begünstigt der Gebäude von Subjektivitäten Integration des globalen technologischen und kulturellen Angebots in Lebenskontexte; erleichtert den Ab -Druck und Sichtweite von Jugendliche von Sektoren unterprivilegiert zu durch von der Produktion und setzen an Verkehr von Beiträge eigen was stärken der Identität lokal; artikuliert der Schularbeit zur Integration von IKT und Disziplinen mit Praktiken, die einbeziehen an die Gemeinde; und schließlich, wenn es eine kontinuierliche institutionelle Arbeit vorschlägt, die fördert die Aneignung von IKT als Teil des gegenwärtigen und zukünftigen täglichen Lebens (Unterhaltung, Bildung, Kommunikation, Arbeit, Partizipation).

An Ost Sinn, der Vorschlag was Ich kenne die Geschenke an Ost Material versteht was der Ausbildung der IKT-Studenten erfordert die Stärkung von Lehrteams, Direktoren, Gezeiten, Vorgesetzte und Techniker. Eine Stärkung, die eine Annäherung an die ermöglicht neue Sprachen und „neue Kulturen", Lehrstrategien und -gestaltung überdenken neue didaktische Vorschläge. Es ist notwendig, den Lehrer als Vermittler neu zu positionieren Bildungsprozesse. Junge Menschen müssen angeleitet werden, um Produktionen zu erreichen kritisch und kreativ. Aber in dieser Aufgabe kann der Lehrer nicht in einem arbeiten isoliert Andernfalls konform Ausrüstung unter ein Rahmen institutionell. Ohne Embargo, vielemanchmal ist es die Einrichtung selbst, die Unterstützung benötigt, sowohl bei der Schulung als auch bei der Aktualisierung Dose seiner Fachleute wie im Management.

Wir wissen, dass Schulen in unserem Land anders sind. Ihre institutionelle Geschichte, Kulturen organisatorisch, Erfahrungen von Arbeit, Stile von Verwaltung, und Kontexte von Groschen- Peon, berufliche Lehrverläufe oder Interessen der Studenten, die sie aufnehmen, sind vielfältig. Ein Vorschlag zur pädagogischen Integration von IKT kann dies nicht ignorieren Diversität Jawohl zielt darauf ab sein bedeutsam und zufriedenstellend. Von ist Perspektive, dann, IKT pädagogisch in die Schule zu integrieren bedeutet nicht, sich ausschließlich auf die zu konzentrierenVerwendung von Geräten und Werkzeugen, sondern in den Lernprozessen, Planung und Veränderung an der Praktiken Methoden Ausübungen und der Institutionen. Die TIC Nein verfügen über Potenzial Transformator an Jawohl sich. Die Angemessenheit zu der Kontexte, der Wahrscheinlichkeit von Antworten zu braucht und der Sinn was erreichen erwerben an Drehkreuz zu Projekte Individuell und Kollektiv Sie sind etwasvon die Schlüssel zu effektive Integration.

Ost Material hat gewesen entwickelt an der Rahmen der *Komponente Rom Ausbildung und Verwaltungvon Projekten zur kritischen Nutzung von IKT in PROMSE-Schulen,* durch die die emceed Es wird vorgeschlagen, technische Teams und Referenten der Provinzen zu bilden, auszubilden und zu koordinieren institutionell, Vorgesetzte, Manager Lehrer und Hilfsstoffe was favorisieren der integrieren-Tigon pädagogisch von der Ressourcen audiovisuell und Informatiker zu verteilen an der Schulen Strumpfhose Zugehörigkeit zu ist Linie von Finanzierung. Innen von ihr Ziele pädagogisch cos hauptsächlich Ich kenne finden: Toast ein Rahmen konzeptionell zum der Verständnis von derKomplexität und Merkmale von der Kultur Medien und seine Beziehung mit der Fächer; Pose Strategien von Charakter innovativ zu verlassen von der Eingliederung von der Technologien von der in-Training und Kommunikation in der täglichen Praxis; definieren und einen Rahmen haben konzeptionell was Ost der sehen und der Auswahl der verwenden und der Intervention pädagogisch von der TIC an der Klassenzimmer und an der Institution, Was Inhalt Disziplin und Was Werkzeug von mit- Gefärbt kreuzen, akzeptieren auch Diversität von Produktion und Mittel von diese Ressourcen; favorisieren Instanzen von Ausarbeitung von Vorschläge was neigen zu der Beförderung von einem Kultur Kollaborativ, mit Eingliederung von der TIC; verwenden und fördern der Arbeit von

unterschiedlich Ressourcen Multimedia zum begleiten und Einrichten Neu

9

Kanäle von Gemeinschaft kation und Produktion bei der Entwicklung von Vorschlägen, die für die Konstruktion verantwortlich sindvon Wissen verknüpft zu der Praktiken Methoden Ausübungen Schulkinder; einzuarbeiter der Technologie zu der Klassenzimmer Was didaktische Ressource, begleitet von reflexiven Aneignungsprozessen, die eine nachdenken an die neuen Anforderungen.

In diesem Arbeitsvorschlag wird die Bildung von Teams von IKT-Referenten in der Schulen abspielen ein Rolle zentral. Diese Ausrüstung Sie werden integriert durch Paare Techniker-Pedal- Gics, die als Erleichterer der Arbeit im Klassenzimmer mit den Technologien von fungieren Information und Kommunikation, und die durch jede Institution laufen wird. Ihre Rollen werden sein verknüpft zu der Ausbildung von der Lehrer, der Rat und Hilfe an Design, derDurchführung und Evaluation von IKT-Projekten in Institutionen und deren KoordinationVerwaltungsnation zwischen Schulen und anderen Institutionen. Es ist für diese verweisenden Teams von ICT, an die dieses Material gerichtet ist. Ziel ist es, einen gemeinsamen Rahmen zu schaffen konzeptionell und Reflexion für die Arbeit mit Lehrern.

In diesem Sinne wissen wir, dass die Herausforderungen für jede Arbeitsgruppe unterschiedlich sind weil Ihre Ausgangspunkte, Möglichkeiten und Erwartungen sind. Ein Vorschlag von bestehendes Klassenzimmer, das erweitert werden soll, ein institutionelles Ziel, das neu formuliert werden möchte Der Start oder ein neues Projekt, das Sie starten möchten, sind fruchtbare Räume für die Entwicklung der in diesem Material präsentierten Vorschläge. Die pädagogische Integration von Technologien von Information und Kommunikation ist, wie gesagt, eine Zugangsmöglichkeit Wissen, Bürgerschulung und kultureller Ausdruck. Aber es ist auch ein Gelegenheit, über das tägliche Leben, Wünsche und Gefühle darüber nachzudenken Welt, die von der öffentlichen Schule in unserem Land gebaut werden.

An der Route von sind Seiten Ich kenne Pose Etwas Schläge zum denken der Änderungen und der Lu- gar von der Technologie, Schlüssel zum integrieren der TIC an der Schule und Gelegenheiten was bieten etwas Werkzeuge Digital zum aufbauen und besänftigen Umgebungen von Lernen bedeuten- binden. Visuell, die Geschenke ein Struktur röhrenförmig oder durch Blöcke. Zum Seite der Karosserie zentral der Text erscheinen ein Säule mit Bemerkungen (C), Literaturverzeichnis Verlängerung empfohlen (B), Verknüpfungen zu Seiten Netz (w) und Fragen zum führen der Reflexion (R).

Dieses Material ist nur der Ausgangspunkt für ein reichhaltiges und dynamisches Werk, das mit der Partizipation von Lehrern und Schülern, wird in den Klassenzimmern ein Eigenleben entwickeln.

Einführung

„Vor unseren Augen entsteht eine neue Gesellschaftsform. Und das so- die Gesellschaft Nein ist etwas Außerirdischer zu uns. Ist Hier, an unsere Leben persönlich, anunsere Emotionen, an der Ängste was wir stehen gegenüber jeder der Tage".
Antonius Giddens

Es gibt wenig Sachen an der kann versichern was existiert ein Zustimmung weit verbreitet. DieTransformation der Welt Strom, der Sicherheit der Veränderung und der Sensation von Unsicherheit mitRespekt zum Zukunft Sie sind etwas von Sie. Die Soziologe Siegmund Baumann weist darauf hin was der Geschwindigkeit-Vati von der Transformationen, der Fragen zu der Wahrheiten Strukturierung an der was uns haben wunterstützt, die Prozesse der Enttraditionalisierung und ständige Innovation, die großen Veränderungen Bildunterschriften an der Institutionen modern traditionell (Arbeit, Familie, Paar, Geschlecht, Kirche, Demokratie, Staat, Zivilgesellschaft, politische Parteien usw.) und der Kult der Individualität sindHerstellung staffeln der Gewissheiten was gehaltenen der Gründe dafür von unsere *Lebenszeit täglich* [3] , untergraben-tun seine Stabilität und beeinflussen an der Weg von Leben und von denken der Zukunft.

[3] Dieses Konzept ist gewesen weit drin behandelt der Zeitgenössische Soziologie: „Beim Reden von Alltag uns Schiedsrichter-
Wir kommen zu dieser *höchsten Realität,* zum Leben des ganzen Menschen, zum offensichtlichen und normalen Gewebe des Verständnisses der Welt und von

Es sollte beachtet werden, dass diese Veränderungen seit dem letzten Jahrhundert stattgefunden haben, vor allem ab der zweiten Hälfte. Als Historiker Eric Hobsbawm (1999: 18) an seine Buchen *Geschichte der Jahrhundert XX,* "das Zeitraum war der von höher Transzendenz GeschichteAC von der Jahrhundert, da an der Ich kenne Schallplatte ein Serie von Änderungen tief und irreversibelfür das menschliche Leben auf dem ganzen Planeten. Beginnend mit dem Ende des Zweiten Weltkriegs Welt, Lass uns erinnern der Konsolidierung und der bröckelt der *Welt bipolar* (com-Nest *gegen* Kapitalismus); der Fahrräder von Zunahme

12

wirtschaftlich und Depression; "der Tod der Bauernschaft" [4] ; die daraus resultierende Urbanisierung und Revolution im öffentlichen Verkehr; der Aufstieg von Berufen, die Sekundar-, Hochschul- und Universitätsstudien erforderten Flüsse; das Wachstum und der Aufstieg der Hochschulbildung, das neue weibliche Bewusstsein und der Aufnahme von der Frauen an der Hochschule und an der Markt der Arbeit [5] ; der Variation- ne an der die Einstellungen Verwandtschaft; der Boom von ein Kultur speziell Jugend; der Entwicklung des Massenverbrauchermarktes, Mode, Tonträgerindustrie, Tele-Vision, der Technologien Elektronik, usw. Ist sagen, der Rolle der Zustand, der Markt und von der unterschiedlich Institutionen Sozial war Ändern, und von seine Hand, der Richtlinien von Organisation, der Hierarchie von Werte, der Modelle von Hinweis, der wünscht sich und der Erwartungen so sehr von der Einzelpersonen sowie die Gemeinschaften in ihrer einstellen. [6]

Immer noch Kontinuitätslinien für die Merkmale der gegenwärtigen Welt in a finden Längerer historischer Zeit könnte man von einer neuen Art von Moderne sprechen. Zum Bauman (2002) kann die gegenwärtige Ära als „flüssige Moderne" definiert werden, in der dass Macht und Geld fließen, sich bewegen, entleeren und eine freie Welt brauchen von Fesseln, Barrieren, Grenzen befestigt und steuert. An Opposition zu ihr, es was der AutorDie heute verschwundene „solide Moderne" baute auf der Illusion auf, dass die Veränderung würde eine dauerhafte, stabile und endgültige Lösung der Probleme herbeiführen. Die Veränderung wurde als Übergang von einem unvollkommenen zu einem vollkommenen Zustand und als Prozess verstanden Modernisierung einmal durchgeführt wurde und nicht mehr zu ändern. Flüssige Moderne verfügen über andere Konzeption: der Veränderung und der Innovation Ich kenne ausführen permanent. Baumann veranschaulicht den Unterschied zwischen beiden Konfigurationen durch den Vergleich zweier dargestellter Zeichen Vorsichtig jede einzelne dieser Momente sozialgeschichtlich und kulturell:

„Es ist verständlich, dass Rockefeller seine Fabriken, Eisenbahnen, Eisenbahnen und Ölquellen waren groß und robust, um sie zu besitzenviel, viel Wetter (zum alle der Ewigkeit, Jawohl wir messen der Wetter gemäß der Dauer von der Lebenszeit Mensch oder von der Familie). Ohne Embargo, Rechnung Tore Ich kenne-Ra ohne Schmerzen von Besitztümer was Gestern es waren stolz: heute es was gibt Gewinne ist

13

Die weit verbreitet Geschwindigkeit von Verkehr, Recycling, Altern, verwerfen und Ersatz -Nein der Haltbarkeit weder der dauerhaft Verlässlichkeit der Produkt-".

Beide Fälle veranschaulichen in persönlichen Geschichten die makrosozialen Prozesse und ihre jeweiligen tive Weltanschauungen. Aber es ist notwendig zu verstehen – wie Hobsbawm (1999: 13)– was der Reflexion an Ost Welt Komplex verfügen über auch zum jeder und jeden ein von us als Erwachsene eine unvermeidliche autobiografische Dimension:

„Wir sprechen als Männer und Frauen einer bestimmten Zeit und eines bestimmten Ortes, die auf verschiedene Weise an ihrer Geschichte teilgenommen haben. Und wir reden auch auch als *Schauspieler, die in ihre Dramen eingegriffen haben – wenn auch unbedeutendwas ist gewesen unsere Papier –*, was Beobachter von unsere Epoche und wasPersonen, deren Meinungen über das Jahrhundert von denen gebildet wurden, die wir betrachten entscheidende Ereignisse derselben. Wir sind ein Teil davon

Was wir meinen, ist, dass wir als Zeitgenossen gesellschaftlicher Ereignisse politische, kulturelle, wirtschaftliche und bildungspolitische, die wir zu verstehen versuchen, werden sprechen an unsere Interpretationen, der Geschichte persönlich und der Marken was der Situationen uns Sie habenals Erfahrung übrig. In der Weise, die Welt zu reflektieren und zu kennen, wird es vor- fühlen unsere Subjektivität, was Plus was ein *Quelle von Error* ist Zustand von Wahrscheinlichkeit des Wissens. Die immer behauptete Objektivität ist unmöglich. Und der Standpunkt unausweichlich. Daher ist es notwendig, eine gewisse Wachsamkeit darüber zu haben. Denk dasWelt, den Platz der Schule im neuen globalen sozioökonomischen Kontext zu überdenken und lokal es impliziert Dialog mit Andere Sinne an der Welt. Neu Sinne was sie werden eintretenan Spiel in vielen Interaktionen mit Jugendliche im Schule und raus ihr.

Erkenne unsere Positionierung Nein Es bildet ein Relativismus ethisch individualistisch. Ist importieren-viel verstehen was der Beziehung Subjekt Objekt Ich kenne gibt an der Kontexte von üben und an der Abmessungen aktiv der Wissen. Nein Ich kenne behandelt, ohne Embargo, von sozialisieren der Sinn gemeinsam. Brunnen Ost "istein täuschender Mechanismus, der Wissen verschleiert; installiert das Subjekt in einem vermeintlichen ZielLeben und Sie verhindert warnen Hinweise von Veränderung oder von Anomalie an der Deutung von es Real". IstWas "Jawohl von der Zeichen der um

14

herum, allein zuückbehalten diese was zustimmen mit unsere Wissen, bestätigen unsere Überzeugungen, rechtfertigen unser (Nicht-)Handeln und stimmen übereinmit unsere imaginär" [7] . Durch es, zum überwinden der *Hindernis Erkenntnistheorie* [8] was der Sinngemeinsam soll, wir werden es versuchen fördern von Ost Material ein lesen absichtlich und Beurteilung, integrieren Intelligenz und Intuition, Gründe und Verdächtigungen, um den Weg zu bauen Wissen durch Problematisierung. Sowie Denken und Fortschritt im Verständnis präzise, wenn auch vorläufig und perfektionierbar, und schlagen einen Rahmen vor, um die Interflektion zu reflektieren. Ration Beurteilung von der Technologien von der Information und der Kommunikation an der Lehren.

Wir werden uns auf diesen Weg begeben, indem wir uns der zeitgenössischen Welt durch a nähern Auswahl von fünf bedeutenden aktuellen Situationen oder Ereignissen. Es tra-ta von Hinweise oder Fußspuren von etwas Plus groß. Sie sind, zu der Zeit, fünf "Schläge" was Gliederung einsehen und bilden ein Rahmen von Lage, ein Baustelle, ein *Collage* an der Ich kenne Sie können Blick unterschiedlich Grundstücke und Texturen, Dichten und Maße der Gegenwärtig an der wir leben. Wille

Konzentrieren Sie sich auf bestimmte Momente, wir werden die Zeit für einen Moment anhalten, um in ihnen einen Blick zu erhaschen Bewegung dauerhaft und der Vielzahl von ihr Standorte. Lass es uns versuchen, zu verlassen von diese Schläge Start zu erkenne etwas von der Merkmale der Welt der Wir formen Teil.

Erster Schlag: „Wichtig ist der Chip, Mabuchi"
Ost ist der Slogan von ein Werbung von Telefone Handys von 2004. Die Szene Probe zu ein Kerl von Über fünf Jahre unterhalten an der Küche mit seine Mama. Während-Nachdem sie von einer Seite zur anderen gegangen ist, spricht der Junge schnell und bestimmt und versucht zu sprechen überzeuge sie: "Die Chip ist es wichtig (von Sie Telefon Handy). Die Chip Ich kenne Überreste mit alleder Information…". ZU messen was seine Rede geht vorbei, der Kamera beginnt zu verraten zum klein, bis es schließlich das Bild des Handys zeigt, das in ein Aquarium getaucht ist. Der Chip war in der Hand des Jungen, er war vor dem Unheil bewahrt worden. "Weißt du wie Sag in die Zukunft? Der Chip, Mabuchi", schließt der Protagonist.

In dieser Zeile lassen sich einige Merkmale der heutigen Welt erkennen: die

Entwicklung rollen technologisch an Base zum Strafverfolgung Digital von der Information; der Angebot wachsend von Produkte und Dienstleistungen von Telekommunikation [9] ; der Unterschiede Generationen an Drehkreuz zur Aneignung neuer Technologien und sogar das Gefühl, dass Kinder, jungund Erwachsene sprechen verschiedene Sprachen. Generationsbedingte Entfremdung zwischen Eltern und Kindern,Lehrer und Schüler, Großeltern und Enkel, zeigt sich meist im Sprachgebrauch, deutlich differenzierte kulturelle Wertvorstellungen und Weltbilder.

Es ist notwendig zu betonen, dass Generationenunterschiede nicht ausschließlich diese Zeit betreffen. Eigentlich kann man sagen, dass die großen Transformationen des 20. Jahrhunderts geprägt waren wichtig Unterschiede Generationen Die Menschen geboren Vor von 1925 Sie hatten ein kleines bisschenmit denen zu tun, die nach 1950 auf die Welt kamen. Jugend wie heute wir wissen ist ein *Erfindung* von der die Nachkriegszeit. Ist was zu verlassen von der Sekunde Hälfte der Jahrhundert XX die Existenz von Kindern und Jugendlichen als Rechtssubjekte bestätigt wurde und insbesondere, an der Fall von der Jugendliche, Was Fächer von Verbrauch. Ist auch anNachkriegszeit, als eine mächtige Kulturindustrie entstand, die junge Menschen definierte was Empfänger von seine Angebot. Die Zunahme von der Industrie Musical war der Plus Schauspiel-Markt, wenn auch nicht der einzige, und bot erstmals *exklusive* Waren für junge Leute an, die Sie begannen, eine größere Entscheidungsautonomie und historische Protagonisten zu haben. Jugend warviel Plus was ein Gruppe Zeitalter was Ich kenne differenziert von ihr größer. Nach Hobsbawm (1999:331), der Kultur Jugend Ich kenne umgewandelt an der Matrix von der Revolution kulturell der Jahrhundert XX, sichtbar an der Verhaltensweisen und Zoll -aber an alles an der Modus von bieten der Freizeit-, wasIch passe zu konfigurieren jeden Zeit Plus der Umgebung was sie atmeten der Herren und Frauen Urban.

Dann der Unterschiede Generationen bereits Sie sind berüchtigt, Damit Was der Wahrnehmung von was derdie Gesellschaft ich war erfahren ein Neu Moment kulturell, an der was Vergangenheit und Gegenwärtig Sie wurden aus einer ungewissen Zukunft neu konfiguriert. In den siebziger Jahren der Anthropologe Margaret Mead sagte, dass junge Schauspieler am besten darauf vorbereitet seien, dies zu übernehmen Irreversibilität von der Änderungen betrieben durch der Globalisierung, der Wachstum Ikonologieco und die Internationalisierung der Gesellschaft:

16

"Unsere Gedanke uns binden noch zum Vergangenheit, zum Welt eine solche Was existierte ander Epoche von unsere Kindheit und Jugend, geboren und Diener Vor von der RevolutionElektronik, der die meisten von uns nr versteht es was ist bedeutet. Die Jugendliche von der Neu Generation, an Veränderung, Ich kenne ähneln zu der Mitglieder von der ErsteGeneration geboren an ein Land Neu. Muss lernen zusammen mit der Jugendliche derForm von geben Sie der bevorstehende Schritte. Aber zum Vorgehen Damit, Muss umziehen derZukunft. Nach Meinung der Westler liegt die Zukunft vor uns. vor Gericht von Viele Städte von Ozeanien, der Zukunft wohnt hinter, Nein fortfahren. Zum aufbauenein Kultur an der der Vergangenheit sein Sinnvoll und Nein zwanghaft, Muss Lokalisieren der ZukunftKomm rein, was etwas was ist Hier klug zum was es Lass uns helfen und schützen wir uns Vor von was geboren, da von es Gegenteil, sein zu Nachmittag". [10]

Die Autor unterscheidet schematisch drei Typen von Kultur gemäß der Formen was nehmen der trans-Mission kulturell, und was Sie können uns dienen zum denken der Gegenwärtig. Die Kultur *postfigurativ* istdas an was der Kinder Sie lernen von ihr größer. Die Gegenwärtig und der Zukunft ist es so verankertin der Vergangenheit. Sie sind die Kulturen der Tradition. Der *Kofigurativ* ist einer, in dem beide KinderWas Erwachsene Sie lernen von ihr Paare. Die Zukunft ist verankert an der Gegenwärtig. Sie sind der Kulturen vonder Modernität fortschrittlich. Die *Präfigurativ* ist das Kultur an der was der Erwachsene Sie lernen von Kinder; für Mead ist es ein beispielloser historischer Moment, „in dem junge Menschenerwerben und davon ausgehen ein Neu Behörde durch seine Einzugsgebiet Präfigurativ der Zukunft un-bekannt". In diesem Zusammenhang kommentiert die Anthropologin Rossana Rebuild (2000), dass der Wert von Meads Vorschlag ist, es in unserer Zeit, in Gesellschaften wie den lateinamerikanischen, verorten zu können. weißes Haar wo Sie können sich selbst vorstellen gleichzeitig Formen *posten* , *co* und *Präfigurative* . Ist sagen, an der koexistieren unterschiedlich Modi von verwandt sein mit der Zukunft und der Vergangenheit.

Heutzutage und insbesondere durch die Weiterentwicklung der IKT ist die Schule nicht mehr die einzige privilegierter Kanal, über den die neuen Generationen mit der in Kontakt kommen Information oder Ich kenne Einfügung an der Welt. Die Kinder und Jugendliche verfügen über Wissen und un-Zöpfe was Sie lernten ohne Intervention von der Erwachsene. Durch seine Teil, der Lebenszeit von der höher Ein Teil der heutigen Erwachsenen hat in einem sozialen und technologischen Umfeld gelebt ganz anders. In diesem Umfeld werden die Institutionen „Familie" und „Schule" gepflegt ein Einzigartigkeit von Rede, der Behörde Ich kenne gebaut vertikal und der Praktiken Methoden Ausübungen von mit- Sumo um herum von der Technologien von der Kommunikation Ich kenne gegeben an ein Kontext von stark Erwachsenenvermittlung. Über die Jahrzehnte ergeben sich also die gleichen Konfigurationen. machtverhältnisse zwischen den generationen was sich ändert: entscheidungen über das andereAspekte des Lebens werden nicht in gleicher Weise gelehrt oder befolgt, Wissen nicht erwerben weder Nest von der gleich Weg. An Ost Sinn, der Soziologe Emily ZeltFanfan (2000) stellt fest, dass sich die Machtverhältnisse zwischen Kindern und Jugendliche und Erwachsene stellen einen der Faktoren dar, die die alte Disposition in die Krise stürzten.

positiv was organisiert der Lebenszeit von der Institutionen Schulkinder. Elf Ist was der Schule ich hattelegitime und exklusive Stimme, um zu definieren, wofür das wertvolle Wissen war der Gesellschaft, als wer diejenigen waren, die sie besitzen konnten übertrage sie.

Es ist also klar, dass, wenn wir nach den Beziehungen zwischen den Mitgliedern fragen verschiedener Generationen beziehen wir uns nicht mehr nur auf die Interaktionen von Menschen verschiedener Generationen verschiedenen Alters. Die Idee der *Generation* kann nicht als eine exklusive Kategorie gedacht werden. sehr biologisch, muss es auch kulturell berücksichtigt werden:

"Es was Distanz zu ein Enkel von seine Opa Nein Sie sind 70 Jahre chronologisch Andernfalls Sieben Jahrzehnte von Transformationen kulturell, Sozial, Richtlinien und wirtschaftlichFall Es was Distanz Generationen zu ein Schüler von seine Lehrer Nein Sie sind die gefeierten Geburtstage, sondern die unterschiedlichen Weltanschauungen der Welt, die sie im Laufe ihrer Erfahrung aufgebaut haben. die Marken Generationen sind also nicht in Haaren mit oder ohne untergebracht oder zutage getreten weißes Haar Andernfalls an der Wege von begreifen der Vergangenheit, von Transit der Gegenwärtig, von sich die Zukunft vorstellen, wünschen, träumen, sich auf andere beziehen und mitstelle dich anderen vor. Kurz gesagt, in den Verfassungsprozessen von der Identität eigen und der Kollektiv von Zugehörigkeit was Übernehmen markiert von Epoche". [12]

Alle Instanzen, die vom Melken bis zu unserem Kühlschrank reichen, werden recherchiert und Produktion von Wissen für die Industrie. Aber die Existenz dieser InformationenDose in einem *Sachet, einer* Flasche oder einem Karton spricht ebenfalls von einer konsumierenden Bevölkerung findet die Einbindung der Wissenschaft in den meisten Bereichen positivder Lebenszeit. Obwohl WHO Kaufen Das Milch vielleicht Nein ankommen zu verstehen von was Ich kenne behandelt, schätzen die Existenz dieser Informationen, die Transparenz der Kommunikation durchdes Unternehmens.

ZU verlassen von der Jahre fünfzig, Zahlung Gewalt der *Revolution wissenschaftlich-technisch* und Ich kenne konform- des Wissenschafts-Technologie-Produktionssystems, enge Verknüpfung von Fortschritten injedes der Felder. Intensive wissenschaftliche und technologische Produktion in Laboratorien Unternehmensrechte ist eines der Merkmale der Gesellschaft unserer Zeit. Wie der Soziologe Manuel Castells (1995) erklärt, sind Informationen gewordenEingang und Faktor Rektor an der Umstrukturierung von der Prozesse produktiv. Ich kenne behandelt vonein Neu Logik von Zunahme und Akkumulation der Hauptstadt. Nach Ost Autor, "der generieren- Zinn, Verarbeitung und Übermittlung von Informationen werden zum Hauptthema Quellen Produktivität und Macht.

An der Produktion von Waren und Dienstleistungen, der Systeme was Prozess Information und der Wagen-Nuance von sicher Hausarbeiten was Vor Ich kenne durchgeführt an Form Handbuch Sie sind Protagonisten.In diesem Rahmen wird Wissen zu einem Schlüsselfaktor für die *Wettbewerbsfähigkeit.* So wird vom Produktivsystem aus der Begriff des *Wissens* in Umlauf gebracht *wettbewerbsfähig,* was verfügen über sicher Merkmale damit verbundenen zum Welt Arbeit. Ich kenne behandelt vonein Wissen, das allgemein in Unternehmen entwickelt wird, fokussiert auf Probleme oder auf Projekte und Nein an Disziplinen, verknüpft zu braucht von Anwendung und Innovation. Hinein- es profitiert Fachleute aus verschiedenen Bereichen; unterliegt vielfältigen Qualitätskontrollen (internationale Normen und Standards, gesellschaftliche Relevanz, Wirtschaftlichkeit, Akzeptanz Verbraucherinformationen usw.) und nutzt Informationsnetze für ihre Produktion, Zirkulation und Austausch. Daraus ergibt sich also ein wesentlicher Teil der Aufgaben bindet mit der Generation von Information und von Wissen, mit der Reproduktion, anpassen- Bahnhof, Verbreitung und Verkauf von Nachrichten, Ideen, Systemen, Bildern und Symbole.

19

An Ost Kontext, der Schulen und Universitäten verlassen von sein der einzigartig Zentren von Progresswissenschaftlich und die einzigen, die die Verbreitung des gesellschaftlichen Wissens kontrollieren. Sein Kapitalkegel- Stiftung konkurriert mit dem vom System autonom generierten Kapital-WissenIndustrie, Finanzen, Wirtschaft und Militär, die ihre eigenen entwickelt haben Zentren Forschung und Verbreitung.

So wird eine neue Karte von Gewerben und Berufen neu gefördert Formen von produzieren, kommunizieren und verwalten der Wissen, gebunden so sehr zu der alphabetisieren-Zinn für die Arbeitswelt sowie die Notwendigkeit, sich mit den neuen Modellen abzustimmen Unternehmen. All dies führt dann zu sehr präzisen Anforderungen an das System. Lehrreich an jeder ihr Ebenen. Ich kenne Anfragen ändern Orientierungen und Inhalt an Funktionvon der Ausbildung zum der Arbeit, und Zunahme der Ebenen von Qualität. Etwas Tendenzen Veränderungen wirken sich auf die Art und Weise aus, wie der Bildungsprozess konzipiert und organisiert wird, Kennzeichnung der Ausrichtung der Hochschul- und Absolventenprofile. Unter diesen zehn- dunces, die Einbindung von Informations- und Kommunikationstechnologien beschäftigt azentraler Ort für einige Jahrzehnte und förderte heftige Debatten um ihn herum Modus und Ziele von einfügen. Die Diskussionen Über von der brauchen von einzuarbeitenIKT als eigenständiges Fach oder als Querschnittsinhalt, wobei der Schwerpunkt auf der eher instrumentelle oder eher kritische Aspekte in Bezug auf die studentische Ausbildung, Tore aufgereiht mit der Ausbildung zum der Arbeit oder der Ausbildung Bürger, der Visionen

Plus zentriert an der verwenden von es Informatik oder diese was tun höher Hervorhebung an es Maultier-Zeit Medien Sie sind Antworten zu der Beziehung Schulwissen, gemäß der unterschiedlich Forderungen,die einen starken Einfluss auf Lehrangebote haben. Derzeit gibt es eineein gewisser Konsens darüber, dass die Schule in IKT-Denken schulen muss Kompetenzentwicklung und Förderung des kontinuierlichen Lernens mit Inklusion was zur Integration von Modalitäten beitragen.

Allerdings jenseits der Dezentralisierung der Orte, die produzieren, was ist Angewandte Wissenschaft betrachtet, ist es wichtig, immer daran zu denken, dass die Menschen dort Arbeit, die unterschiedlichen Wissensgebieten

20

angehören, wurden und werden weitergebildet Befehl im Bildungssystem.

Auf diese Weise wird es in der täglichen Arbeit mit IKT in der Schule notwendig Saree passieren von der Vorstellung von "die Gesellschaft von der Information" basierend an der Technologien von Information und Austausch auf globaler Ebene hin zu einer "Wissensgesellschaft" Grundlage", die im Gegensatz zu der von der ersten induzierten globalisierenden Repräsentation wie Armand Mattel art (2006) betont, hebt die Vielfalt der Modi hervor Aneignung kulturell, Politiker und billig von der Information und von der Wissen

Intelligenzen in Verbindung gebracht
Traditionell, der Bild öffentlich zugänglich von der Wissenschaft und der Technologie er war dominiert durch die Leistungen einzelner Intellektueller. Heute dagegen einige der Arbeitsplätze Wissenschaftler Plus schockierend Sie sind der Ergebnis von der Zusammenarbeit von Gruppen. * Die folgende Reihenfolge fasst zusammen Ost Veränderung.

•   Jahrhundertelang waren die Väter der modernen Wissenschaft durch eingeladene Colleges miteinander verbunden. Geschwister, ist sagen, gebildet Teil von ein Gemeinschaft von Forscher deren Austausch von Ideen bildeten die Grundlage wissenschaftlicher Fortschritte. Obwohl die Wissenschaftler ihre in anderen arbeitet und miteinander kommuniziert, schließlich allein publiziert. viele tolle- des Ideen Sie sind zugeschrieben zu etwas wenig Denker einflussreich Was Galileo, Newton, Darwin und Einstein. Folglich die traditionelle Art, Wissenschaft in der Moderne zu betreiben Vati (noch bis der Sekunde Krieg Welt) Ich kenne beschreibt Was ein Serin von Knoten isoliert.

•   An der Sekunde Hälfte der Jahrhundert XX, der Wissenschaft Ich kenne zurückgegangen, Plus und Plus, ein Arbeit Gruppe. EINEin gutes Beispiel dafür ist das berühmte Biologenpaar Francis Crick und James Watson, der die Struktur der DNA entdeckte. Sie waren sicherlich nicht die einzigen. Sie sich Sie machten Paare mit Andere Wissenschaftler einrichten Netzwerke von Wissen. Die Gemeinsame Veröffentlichungen dokumentierten diese Zusammenarbeit, die Schulen hervorbrachte unsichtbar, ersetzen der Verbindungen versteckt mit Co-Autoren veröffentlicht.

21

• Derzeit dominieren zwar Kooperationen selten die Art und Weise, Wissenschaft zu betreiben so zahlreich wie die des internationalen Konsortiums des Human Genome Project [**] , ein Großteil der Forschungsgebiete erfordert diese Art der Zusammenarbeit. Von Tatsächlich wächst die Größe der Teams, die kollaborative Arbeit leisten, Gießen der die Übung wissenschaftlich an ein Netz dicht verbunden.

Networking, Kooperation und Kommunikation sind nicht auf die Tätigkeit beschränkt sondern sind charakteristisch für das soziale Leben und den Aufbau von Gesellschaften. Städte. Darüber hinaus die Vernetzung von Menschen und Organisationen durch Netzwerke Informatik bietet an ein Neu Chance: der von multiplizieren, Was es sagt Bohrturm von Kerckhove (1999), der „Intelligenzen in Verbindung gebracht" an Funktion von Ziele gemeinsam. Das größte transformative Potenzial dieser Technologien liegt in der Möglichkeit des Gebens Unterstützung von Netzwerken und Räumen, die Kommunikation ermöglichen, die Schaffung von Räumen für der Zusammenarbeit und der Gebäude von Wissen und der Interaktion Komm herein Menschen.

[*] Barabbas, Albert-Laszlo (2005): „Netzwerk Theorie - der Entstehung von der kreativ Unternehmen", *Wissenschaftlich Amerikanisch,* Vol. 308.
[**] Das Humangenomprojekt (HGP) besteht darin, alle Nukleotide (bzw Paare von Basen) und identifizieren die 30.000 zu 35.000 Gene die Geschenke an er. Die groß Menge von Information was generiert und generiert die PGH erforderte die Entwicklung elektronischer Datenbanken, um sie speichern und verwalten zu könnenKrug von Form Plus leicht und schnell alle ist Information. *Die GDB Mann Genom Datenbank:* http://www.gdb.org/

Durch Teil von jeden die Gesellschaft. Jesus Martin Barbier (2002), zum gleich was Mattel-Kunst, würzen-Liste zu Fragen der Kommunikation und Kultur, Highlights:

"Unsere Gesellschaften Sie sind, zum gleich Wetter, Gesellschaften der UnbekanntOnkel, Das ist der Nein Erkennung von der Pluralität von Wissen und Kompetenzendass, von den Volksmehrheiten oder den Minderheiten geteilt,Sie lachen Eingeborene oder regional, Nein ist es so Sein eingebaut Was eine solche wederzu der Karten von der die Gesellschaft weder eben zu der

Systeme lehrreich. Aber die Unterordnung von mündlichem und visuellem Wissen leidet derzeit a zunehmende und unvorhergesehene Erosion, die ihren Ursprung in den neuen Produktionsweisen hat. Wissensvermittlung und neue Schriften, die durch das Neue entstehen Technik, insbesondere des Computers und des Internets".

Dritter Schlaganfall: Argentinier an der Außen

"Erfahrungen von Argentinier an der Außen und der Dilemma von Rückkehr oder Nein zum Land" ist der Qualifikation von ein Artikel veröffentlicht an *Clarion* der 7 von August von 2006, was behandelt Nein an ein Neugier der Moment, Andernfalls an ein Thema wiederkehrend von machen Etwas Jahre an der Tagebücher Plus wichtig der Land. An Allgemeines, der Noten Anzahl durch was Ich kenne Sie sind, Verzeihung Sie leben, welcher ist seine Beziehung mit der Land was der erhält, an was Sie arbeiten, usw. EIN Variante von Ost Art von Noten ist, durch Beispiel, was tun der Wissenschaftler Argentinier an Andere Länder. Ist gemeinsam, auch, finden- bringen an der Geschichten was der Technologien von der Kommunikation, insbesondere Internet -mit ihr Möglichkeiten von Plaudern und Videokonferenz-, bilden ein Ressource wichtig zum behalten täglichen Kontakt mit Familie und Freunden. Hinzu kommt die Erstellung von Websites was Die Exil von Gardel.org, obdachlos, Einwanderer Argentinien: der Gemeinschaft von Argentinier durch der Welt, etc., was Angebot ein Platz zum Teilen der Erfahrungen an der ehemalige-Ausländer, Damit Was der Erinnerungen von der Argentinien einheimisch. An Ost Sinn, der Neu Technologien Sie tragen bei sachlich zu der Kommunikation und zum Kontakt.

Von was Gespräche Ost Schlaganfall? Gespräche von der Globalisierung wirtschaftlich, von der Migrationen und der unterschiedlichen Gründe und Bewegungsformen der Bevölkerung in der Welt (z Rekrutierung von Fachleuten in multinationalen Unternehmen auf der Suche nach Besserem Lebensumstände, Kriege, politische Gründe usw.). Denken Sie auch an die Ungleichheiten zwischen Ländern – und innerhalb von ihnen – [13] sowie die Wechselfälle beim Bauen Meer ein Neu Lebenszeit an ein Ort unterschiedlich zum von Ursprung, der Konflikte Sozial, kulturell und des dadurch entstehenden Zusammenlebens. Dies scheint ein Moment zu sein, als Martín Bar-Baron (2002), „in dem Männer aus ganz unterschiedlichen kulturellen Traditionen *in die Emigration einwandern Wetter,* Einwanderer was Sie kommen an zu ein Neu war von Zeitlichkeiten sehr vielfältig, aber alle teilen die gleichen *Legenden* und ohne Modelle für die Zukunft. entfernt zu installieren einer einheitlichen oder

23

homogenen Kultur, die Intensivierung transnationaler Kulturströme Ihnen scheint zu driften In einer Welt von Charakter zunehmend Mischling".

ICTs, dank der Geschwindigkeit der Verarbeitung und Übertragung und ihrer Verbindung zu Netzwerke auf der ganzen Welt haben die Vorstellungen von Raum und Zeit verändert. Ist gesprochen des *Raums der Strömungen , der* die Zeit komprimiert, bis sie kontinuierlich und präsent wird es komprimiert den Raum, bis die irdischen Distanzen verschwinden. Neben dem Helfen Halten Sie die Verbindung zwischen Familie und Freunden aufrecht, das interaktive digitale Netzwerk verbindet Orte Distanzen mit ihren ausgeprägten soziokulturellen Merkmalen und bringt Verschiedenes zusammen Modi von Kommunikation. Die Permeabilität jeden Zeit höher von der Grenzen Information-Nalos Es erlaubt der Entstehung von Neu Gemeinschaften von Interessen und Werte was Seitensprung die geografische Variable. Dieses Phänomen breitet sich unter jungen Menschen aus, wo Musik bzw der Spiele an Netz Ich kenne verwandeln an Kerne von Gemeinschaft. Die verwenden von der TIC verstärkt Gefühl-Husten von Zugehörigkeit, zu durch von der Seiten Netz, der Post elektronisch oder der Kanäle von Plaudern; ist ein Weg von vergrößern Krawatten Sozial und kulturell außen der Nachbarschaft, der Stadt oder der Land.

Es ist wichtig zu bedenken, wie Martín Barber (2002) betont, dass die Verfahren Wirtschaftliche und informationelle Globalisierung beleben die Frage nach der kulturell-ethnische, rassische, lokale, regionale Identitäten, bis sie in a protagonistische Dimension vieler der heftigsten internationalen Konflikte der neueste Jahre, zum Wetter was diese gleich Identitäten, Plus der von Geschlecht und Zeitalter, ist-rekonfigurieren die Stärke und Bedeutung sozialer Bindungen und die Möglichkeiten von Koexistenz an es National und es lokal. Martin Barbier addieren was es was der Revolution

Technologie dieses Endes des Jahrhunderts in unsere Gesellschaften einführt, ist nicht so sehr eine Menge ungewöhnliche Qualität neuer Maschinen, sondern eine neue Art der Beziehung zwischen den Prozessen Symbole, die das Kulturelle konstituieren.

Der Soziologe Dominique Dolton (1999, 2006) betont dieses Verständnis zwischen Kulturen, symbolische und politische Systeme, Religionen und philosophische Traditionen es wird nicht einfach dadurch erreicht, dass der

24

Austausch von Nachrichten beschleunigt wird. Informieren, ausdrücken bzw Das Senden reicht nicht mehr aus, um eine Kommunikation herzustellen. Für den Autor ist der „Sieg der Kommunikation" kommt begleitet von ein Veränderung an seine Zustand. Ist weniger ein Prozess,mit einem Anfang und einem Ende – in der Art einer Nachricht, die von einem Absender an jemanden gehterhält es–, dass eine *Herausforderung der Vermittlung, ein Raum des Zusammenlebens, ein Gerät, das Punkte zu amortisieren der Meeting mit mehrere logisch was koexistieren an der die Gesellschaft offen.*

An Ost Kontext der Rolle was davon ausgehen der Vorschläge von Lehren an Drehkreuz zu der TIC Ergebnisgrundlegend. Durch ein Teil, da verfügen über der Wahrscheinlichkeit von folgen, fortfahren erweitern der Grenzen der Klassenzimmer von der Klassenzimmer. Durch andere, da an ein Welt was setzt an Kontakt zu Menschen vonverschiedenen Orten, lernen, mit anderen sensibel zu kommunizieren (sich auszudrücken, zuhören, Dialog führen, verstehen, austauschen, Vereinbarungen treffen, kooperieren, Konflikte lösen Konflikte mit Verständnis gegenseitig, ich respektiere und Solidarität) ist zentral zum der Ausbildung Ethikund Demokratie der Bürger des 21. Jahrhunderts.

Quartal Schlaganfall: Die Planet an Achtung

"Die Planet an Achtung" ist der Qualifikation von ein Artikel journalistisch was Probe ein Fall von
Ärger insgesamt : Umweltverschmutzung, Heizung von der Land und Veränderung Klima.

ZU endet von der Jahre siebzig, der Verschlechterung von der Bedingungen Umwelt an Etwas Punkteder Planet es gab Ort zum Anfang von ein groß Debatte an der Straßen was der Menschheit dort war vergriffen an Pos der Wachstum sozioökonomisch, und eben zu der Mobilisierung von der Bürgerfür diese Themen. Das Umweltproblem wurde dann als ansprechbares Problem betrachtet an Bedingungen von Disziplinen, Verlängerung der Wissen wissenschaftlich und Instrumentierung vonMechanismen billig und finanziell. Durch Beispiel, Ich kenne Gedanke was der Umweltverschmutzung Ich kenne gelöst _ durch der Schaffung von Systeme von Dekontamination entworfen von der Wissenschaft,der Schaffung von Geld zum beruhigen der Investitionen notwendig und der nehmen von Maße Was der Geldbußen zum Ort Bremse zu der Aktionen umweltschädlich. Ost Fokus voreingenommen und Frag-geprägt Versagen. Heute Ich kenne versteht was Ich kenne behandelt von ein Ärger der Wissen, was Anforderung der Neukonzeption von der Beziehungen Komm herein die Gesellschaft und Natur:

„Die Umweltkrise, verstanden als Zivilisationskrise, konnte man nicht verstehen Schalter ein Lösung durch der über von der Rationalität theoretisch und instrumental was baue und zerstöre die Welt. Begreifen Sie die Umweltkomplexität, diegelten a Prozess von Wiederaufbau u Rekonstruktion der Gedanken". [14]

So werden das Umweltproblem und andere, wie Klonen, genetische Veränderung, AC von Tiere und Böden, der Instrumentierung produktiv von diese Progress zu groß Skala,

sie wurden als *wissenschaftliche Probleme neuen Typs definiert* [15] . In dieser Zeile können wir erkenne Teil von seine Komplexität: der "Kosten der Progress", der Gewalt der Markt,Koexistenz zwischen Menschen, nationale Souveränität, die Rolle der Staaten, die Diplomatie, Geld, Bürgerbeteiligung an öffentlichen Angelegenheiten, Bewegungen Soziales, Demokratie, Respekt, die Zukunft.

Durch andere Seite, der Schaden verursacht durch Etwas Produkte Wissenschaftler und der verwenden von der Wissenschaft für politische, ideologische und militärische Zwecke im Gegensatz zu den humanistischen Entwürfen, die die ihm immer verliehen worden waren, haben die Besorgnis der Bürger provoziert die ethische Relevanz dieser menschlichen Aktivitäten und ihrer Ergebnisse. Die Behandlung von Probleme von Neu Art bringen mit ihm Fragen theoretisch Über von der Grenzen vonder Wissenschaft Western, seine angeblich Objektivität und seine Präsentation zum Rand von der Werte. Mit anderen Worten, diese Vorstellung von wissenschaftlicher Erkenntnis als Form legitime und gültige Herangehensweise an die Realität.

Diese Probleme setzen an Beweis der brauchen von aufbauen ein Neu Art von wissen-Ich lüge, von die Übung wissenschaftlich und von Beteiligung Bürger an diese Angelegenheiten. Ich kenne präzise*Dialog zwischen Disziplinen,* zwischen unterschiedlichen Kulturen und ihrem jeweiligen Wissen, zwischen der Wissenschaften und der Wissen Laien von der Lebenszeit täglich. Die Abgrenzung von der Wissen an derunterschiedlich Felder von der Wissenschaften

26

konstituiert an ihr Erste Stufen ein Prozess notwendig undSinnvoll zum wissen der Wirklichkeit. Die *Spezialisierung* Ha gebracht groß Vorteile, ohne einschiffen- gehen, gestartet zu werden, vor kurzem, an etwas was behindert an messen wachsend derVerständnis für die Probleme. Nach Edgar Morin (1999) liegt in jedem eine Unzulänglichkeit vorbreiter, tiefer und ernster zwischen unserem uneinigen, geteilten, geteilten Wissen und die Realitäten und Probleme, die zunehmend multidisziplinär, transversal,multidimensional, grenzüberschreitend, global, planetarisch. Nach der Autor, Ich kenne muss ein"Reform der Gedanke" was ermöglichen Verknüpfung, kontextualisieren, globalisieren und, zum gleich Wetter, das Singuläre, das Individuelle, das Konkrete erkennen. Ebenso hegemoniales wissenschaftliches Wissen, betrachtet der einzigartig fähig von Stelle uns vor an der Wissen Real, ist Ändernvon Ort zum sein der *Mann gemeinsam* der was Ansprüche seine Platz an der Diskussion an der betreffen- Inc. der Wissen wissenschaftlich und ihr Anwendungen an der Lebenszeit Sozial.

An Ost Bühne der Schule besetzt ein Rolle zentral an der Ausbildung von Bürger, ist sagen, vonMenschen fähig von denken der *Komplexität* von der Situationen, von Adressieren sie zu verlassen von Tag- Logos , die Unterschiede respektieren, gültige Lösungen für die Mehrheit versuchen, setzen an abspielen der Intelligenz, der Intuition, der Kreativität, der Solidarität und der Ethik, und von davon ausgehen

Die damit verbundene Verantwortung. *Die Rolle der Schule ist daher grundlegendeine solche und unersetzlich an der Beförderung von Formen von denken, von kommunizieren und von Handlung was ermöglichen Jugendliche richten sich an die Herausforderungen seiner Zeit.*

Fünfte Schlaganfall: *Lebend 8* , organisiert durch *Kennzeichen Macht dich Geschichte*
ZU wiegen der Zunahme wirtschaftlich an viele Regionen der Welt, Nein Ich kenne Ha beendet mit der Ärger von der Armut. Wir machten erwähnen an ein Schlaganfall früher zu was der Welt Globus-lysiert Probe was der Ungleichheit Komm herein der Länder Reich und der Arm ist jeden Zeit höher, DamitWas der Lücke an der Innerhalb von jeden ein von Sie. *Lebend 8* war ein Veranstaltung zu Skala Welt,organisiert durch *Machen Armut Geschichte* (Machen Geschichte der Armut), der zwei von Juli von 2005, an derwas Ich kenne Sie performten Konzerte von Felsen an unterschiedlich Städte der Welt der gleich Tag, Mobilität Heben

Tausende von Menschen und synchronisieren der Übertragung an am Leben und Direkte zu alles der Planet.Ost Schlaganfall uns Gespräche von der Globalisierung, andere Zeit, und setzt von Manifest der Überwachung vonNestor Garcia Canclini (1998): "es fragmentarisch ist ein Merkmal strukturell von der Prozesse Globalisierer . Die Globalisierung ist so sehr ein einstellen von Prozesse von Homogenisierung Wasvon Einteilung der Welt, was neu bestellen der Unterschiede ohne Lösche sie".

Ist interessant Stoppen Sie uns an Ost Veranstaltung. Die 1 von Juli von 2005, der Königreich Vereinigtgeht davon aus der Präsidentschaft von der Union europäisch und der Erste Minister Toni Blair Ich kenne verpflichtet sich Ort an der Zeitplan von Arbeit zum der Zukunft der folgende Themen: handeln gerade, reduzieren-Tonne oder Verzeihung von der Schuld extern von der Länder Plus Arm der Welt, Zunahme derHilfe wirtschaftlich, Engagement zum helfen zu Kampf der AIDS. Die zwei von Juli Ich kenne macht der Konzert *Live 8,* unter den gleichen Slogans, um in der öffentlichen Meinung zu installierenist Zeitplan von Themen und erreichen der Druck Welt an der Führer von der Länder Plus Reich. Bindung, Führer der Gruppe U2; Bob Geldof, von Rosa Karosserie, und Andere Sterne International-Nägel der Felsen und der Show mobilisieren ein weil Politik. Blair erscheinen an der Kanal von Videos Musicals getroffen zum zu unterhalten mit ein Gruppe von Jugendliche an diese Themen. Die Felsen, der Politik, der Meinung öffentlich zugänglich, der Übertragung zu alles der Welt durch Radio und Fernsehen. Von der Seite? ∨ von Internet, was ist mehr von bieten Information an der Thema, Ich kenne gefördert unterschiedlichAktionen, Was durch Beispiel verwenden ein Armband Weiß Was Symbol von Beitritt zu der Ursache bzw Schicken Post Elektronik zu der unterschiedlich Führer Politiker. Unter der 6 und der 8 von Juli Ich kenne versammeln der Präsidenten der G8 (Gruppe von der Sieben Länder Plus Reich der Welt: Zustand Uni- zwei, Frankreich, Italien, Deutschland, Kanada, Japan, Königreich Vereinigt, Plus Russland) an Gleneagles,Schottland. Die 7 von Juli Ich kenne produzieren der Anschläge Terroristen an der Stadt von London.

Die Entwicklung dieses Themas geht über die Grenzen dieses Materials hinaus. wir wollen nur drei Probleme hervorheben. An erster Stelle steht die Bedeutung der *Synchronizität* der Veranstaltungen. Zweitens, wie diese Situationen des internationalen Terrorismuseinen Beitrag leisten zum Klima von Unsicherheit und Unsicherheit was wir kommen beschreiben. Durch zuletzt- Mo, Lassen erzogen der Frage durch der Jugend an Ost, ihr Unterschiede und Ähnlichkeiten mit die Jugendlichen Lateinamerikaner, die wir werden weiter behandeln

28

Fortsetzung.

Junge Menschen werden zunehmend von globalen elektronischen Strömen durchzogen, die sehen ein Teil jeden Zeit Plus wichtig von der Materialien an was Ich kenne Sie bauen derErzählungen und Versionen von es Sozial und seine eigen Identität was Einzelpersonen. [16] Die Kultur

Weltkultur, Massenkultur, handelt nicht nur in dem Moment, in dem sie mit dem konfrontiert wird Bildschirm, sondern drückt sich im Alltag aus. Wenn die Jungen die Lieder summen Modetoons, wenn sie ein T-Shirt mit Aufschriften tragen, wenn sie kaufen der Kleidung *von markieren* , bereits Nein ist es so Stirn zum Gerät von Radio oder Fernsehen. Ist es so sich gegenseitig ansehenstehen einander gegenüber, sie kommunizieren über die Präsenz des Mediums hinaus. Wie die Anthropologin Maria Teresa Quiroz (2003: 64) sagt, liegt es im Körper, im Gesicht,an der Weg von sprechen, an es was Ich kenne Essen, an es was Ich kenne singt, wo der Kultur von Massenwird in jedem Moment angezeigt. Laut Regulon (2000) sind die Kostüme, die Musik, der Zugang zu Bestimmte emblematische Objekte bilden heute eine der wichtigsten Vermittlungen für die Identitätskonstruktion junger Menschen, die sich nicht nur als offensichtlich erweistsichtbare Zeichen gewisser Zuschreibungen, sondern grundsätzlich als Mittel -in- drei Andere- von verstehen der Welt. Sie sind Formen symbolisch, und Nein durch es weniger Real,sich mit Gleichen zu identifizieren und sich von anderen, insbesondere von der Welt, abzugrenzen Erwachsene. So ist der kulturelle, also der Bereich der Bedeutungen, Güter u Kulturprodukte, nimmt heute in allen Lebensbereichen eine führende Rolle ein. Ist im Bereich kultureller Ausdrucksformen, wo junge Menschen sichtbar werden soziale Akteure. [17] Ökologie, Frieden, Menschenrechte, die Verteidigung von Traditionen Bewusstseinserweiterung, Rock-sogar Anonymität, Individualismus, Hedonismus oder Konsumismus – werden Fahnen, Embleme, die sich gruppieren, geben Identität und stellen Sie die Unterschiede zwischen denselben Jugendlichen fest.

Ist wichtig ausräumen was der Jugendliche Nein bilden ein Gruppe homogen? Nein jeder derwas verfügen über der gleich Zeitalter teilnehmen von der gleich "Klasse von Zeitalter", bereits was Nein jeder kom- abfliegen der gleich Merkmale und Erfahrungen lebenswichtig (Formen Paar, arbeiten, erreichen wirtschaftliche Autonomie, Studium usw.). Über diese generischen

Besonderheiten hinaus der Jugendliche und Jugendliche Sie sind Träger von ein Kultur Sozial fertig von Wissen,Werte, Einstellungen, Veranlagungen, die meist nicht mit der Schulkultur übereinstimmen und in insbesondere mit dem Programm, das die Institution zu entwickeln vorschlägt. Wie Tenuti sagt Fanfan (2000), während das Schulprogramm die Spuren der Spaß- rational (Homogenität, Systematik, Kontinuität, Kohärenz, Ordnung und Abfolge einzigartig, etc.), der Neu Generationen Sie sind Träger von Kulturen vielfältig, fragmentiert,offen, flexibel, mobil, instabil usw. Die Schulerfahrung wird ofttun an ein Rand wo Ich kenne finden und Gesicht vielfältig Universen kulturell.

Dann, ein Form möglich von sich nähern ist Lage ist arbeiten mit der Produkte und derProzesse von Produktion kulturell von der Jugendliche, zum Versuchen *hörer* was ist es so versuchen von sagen zu durch von ihr Musik, seine Poesie, ihr *Graffiti,* was ist es so versuchen von erzählen zu der SW-die Gesellschaft an Bedingungen von die Einstellungen kognitiv, affektiv und, insbesondere, Richtlinien. [18] Die Kulturen Jugendliche Sie schauspielern was Ausdrücke was kodieren, zu durch von Symbole und Redewendungenvielfältig, der hoffen und der besorgt. Die Herausforderungen was der Jugendliche Sie Pose zu der Gesellschaft-Vati ist es so dort, mit ihr Stärken und Schwächen, mit ihr Widersprüche und Exartikulationen.

Kehren wir zur „ *Live 8"-Spur zurück, um* zu sehen, wie Rock und die Jugendkulturen, die im letzten Jahrhundert entwickelt, insbesondere in den Händen der Medien, sie antworten an Ost Neu Jahrhundert zu ein Bekanntmachung Politik und global fertig durch Sterneaus Gestein. Wir finden auch einige Hinweise auf eine neue Art der politischen Partizipation.Tick von der Jugendliche: Ich kenne beobachten der Trend zu der Beitritt, mit ein Auswahl Vorsichtig,

auf konkrete Anliegen und nicht so sehr auf traditionelle Militanz. Nach Regulon (2000) sind diese„Verpflichtungen Wander" Muss sein lesen Was Formen von Leistung Politik Nein Institutinstitutionalisiert, als „Politik in Kleinbuchstaben". Junge Menschen, trotz ihrer Unterschiede, die Eigenschaft teilen, ein planetares, globalisiertes Bewusstsein zu haben, das kannin Betracht gezogen werden was ein Berufung Internationalist. Gar nichts von es was das passiert an der Welt es ist ihnen fremd. Andererseits priorisieren sie die kleinen Räume des täglichen

Lebens Gräben zum Schub der Transformation global. Regulon es sagt was eine solche Zeit Ich kenne der kannwerfen ihnen vor, Individualisten zu sein, aber ihnen sollte ein „allgemeines ethisch-politisches Prinzip" zuerkannt werden. roost": das ausdrückliche Bekenntnis, keine Träger absoluter Wahrheiten zu sein Name von denen aus die ausschließliche Macht ausgeübt werden kann.

Das Erfassen dieser Bedeutungen wird es uns ermöglichen, das Verständnis der verschiedenen Möglichkeiten, wie der Jugendliche teilnehmen Real oder virtuell an der Platz Sozial und an der Lebenszeit öffentlich zugänglich, und damit Arbeiten Sie mit ihnen von der Schule an für die Staatsbürgerschaft des 21. Jahrhunderts.

Massen Clever *(Clever Mobs)*
Zwischen 1999 und 2000 bemerkte Howard Rheingold, dass Menschen Mobiltelefone und das Internet auf neue Weise nutzten. In verschiedenen Städten der Welt die Jungen Nachrichten und Nein damit Jugendliche benutzt ist Technologie zum organisiere dich spontan anDrehkreuz zu Aktionen Kollektiv, von diese von Natur Politik noch bis der rein Spaß.Menschen kommen zusammen, kooperieren auf eine Weise, die vorher nicht möglich war, weil sie es getan haben mit datenverarbeitenden und kommunikationsfähigen Geräten. Ohne Embargo, sind Technologien fähig von vergrößern der Zusammenarbeit bereits Sie haben bewährt sein nutzbringend und destruktiv, sowohl zur Unterstützung demokratischer Prozesse als auch eingesetzt für terroristische Aktionen. Trotzdem bietet sich für Rheingold eine große Chance für *intelligente massen* : das alphabet, die städte, die presse hat das nicht eliminiertArmut weder der Ungerechtigkeit aber Sie machten möglich was Ich kenne sie werden erschaffen Unternehmungen Cooper-Verhältnisse zum besser zu werden der Die Gesundheit und der Wohlfahrt von der Menschen. Muss erinnere dich was derDie größten Chancen für Fortschritt liegen nicht in den elektronischen Technologien. Fall Andernfalls an der Praktiken Methoden Ausübungen Sozial.

Rheingold, Howard (2002) *Massen Clever,* Barcelona, Geisha. Buchseite persönlich: http://www.rheingold.com/ (An Englisch)

Etwas Artikel an diese Themen, veröffentlicht an Erziehen:

Flashmobs und *Smart-Mobs* -Events: Crespo, Karina (2006) „The Web: a platform for   der   Kreativität?"   an:

31

http://weblog.educ.ar/espacio_docente/webcreatividad/archives/001559. Brei [Zuletzt Beratung: 8 von Februar von 2007]

Nutzung von Mobiltelefonen und SMS: Manzoni, Pablo (2006) „Handys als Schnittstellen kulturell", an http://weblog.educ.ar/sociedad-informacion/archives/007547.php
[Zuletzt Beratung: 8 von Februar von 2007]

Auch:

Schroff an, Carolina (2006): „Die Beiträge von Text, ein üben global?" an http://Weblog. Educ.ar/sociedad-informacion /archives/007861.php [Zuletzt Beratung: 8 von Februar von 2007]

EIN Schlaganfall Plus: Die "Revolution" von der TIC
An Ost neueste Schlaganfall, uns interessiert Markieren, zum der endet von Ost Material, der Bedeutung von was Ich kenne betrachtet der *Revolution* an der Technologien von der Information und der Kommunikation.

„Der Technologiesprung, der es ermöglicht, Informationen zu digitalisieren und der dazu ermutigt die Hypothese, dass es in den letzten dreißig Jahren a Informationsrevolution, wird gleichzeitig im Projekt der Rache von Klammern, logisch industriell, Kulturen organisatorisch, Märkte und Vorschriften von der hauptsächlich Branchen verbunden mit Herstellung, Be- und Verarbeitung, Lagerung und Vertrieb von Informationen. Konvergenz ist eines der Hauptkonzepte, die verdienen es, erläutert zu werden, weil es sich um eine Summe von Prozessen handelt, die das beeinflussen Mark von die Informationsgesellschaft. [19]
Die Analyse dieser *Konvergenzprozesse,* die sich allgemein beziehen auf der Trend zum Zusammenschluss von Unternehmen aus der Welt der Unterhaltung, der journalistischen, Produktion von Soft- und Hardware, Telekommunikation, in großen Unternehmen, übersteigt der Bereiche von Ost Arbeit. Ohne Embargo, wir wollen Pose zwei Reflexionen. DieDie erste umschreibt die Konvergenz auf die rein technologische Ebene. Die Möglichkeit Fotos über Mobiltelefone zu senden oder *Online-Ausgaben zu konsultieren,* die Videos und Audios aus den Zeitungen der Welt enthalten, oder Radiosendungen zu hörenInternet, entsteht dank Digitalisierungsprozessen von Informationen. Die *Bekehrung Agentur* ist, an Ost Sinn, der Wahrscheinlichkeit von was ein gleich bedeutet, mittel sein

Fahrzeug von TexteSchriften, Geräusche, Bilder, Videos. Heute an Tag kann hören der *Radio* an ein Radio,auf einem Computer über das Internet, auf einem Mobiltelefon oder in aufgezeichneter Form auf einem Lesegerätvon MP3. Es ist, als ob die Medien von den Geräten nicht mehr erkannt werden könnten.

Die Sekunde Ich kenne verweist zu der Frage Politik von der Konvergenz und von der Globalisierung vonder Kulturwas ein Veranstalter von der Erinnerung und der Ich vergesse. Die Frage möchten -an Wörtervon Armand Mattel art (1998) – wenn sich die Digitalisierung von Wissen durchsetzen könnte ein Neu Kriterium von Universalisierung, ein Modus seltsam von denken und von fühlen, ein NeuForm von organisieren der Erinnerung Kollektiv. Zum Respekt, Beatrice Weihnachtslied (2002) erhöht:

"Die Beschleunigung was es beeinflusst der Dauer von der Bilder und von der Sachen, beeinträchtigen-ta auch Gedächtnis und Rückruf. Nie wie jetzt, war die Erinnerung so ein spektakulär soziales Thema. Und es geht nicht nur um die Erinnerung anVerbrechen, die von Diktaturen begangen werden, wo das soziale Gedächtnis erhalten bleibt der Wunsch nach Gerechtigkeit. Es geht auch um die Wiederherstellung von Erinnerungen Kulturen, die Konstruktion verlorener oder eingebildeter Identitäten, die Na- Verhältnis von Versionen und Lesarten der Vergangenheit. Die Gegenwart bedroht durch die Beschleunigungsverschleiß wird im weiteren Verlauf zur Sache die Erinnerung. Zwischen Beschleunigung der Zeit und memorialistischer Berufung es gibt Zufälle (...) Wir greifen auf Bilder einer Vergangenheit zurück, die jeder ist immer mehr Bilder der neuesten. Zusammenfassend: Geschwindigkeitskultur Papa und Nostalgie, Vergessenheit und Jubiläen. Deshalb Mode, die das gut einfängt Ära, kultiviert mit gleichem Enthusiasmus den Retro-Stil und das Streben nach Neuheit".
Die Technologien Sie sind der Element offensichtlich von der Kommunikation und Transport, was Ich kenne Hagesehen, ein kulturelles Modell. Mit ICT gibt es eine andere Art der Wahrnehmung der Welt, von Leben, von arbeiten, von Lehren, von lernen. Was ist mehr, was Posen Walton (1999):

„Nur wenige Sektoren, die für die heutige Gesellschaft so wichtig sind, sind es gegenwärtig was der Kommunikation technologisch. Die Geschichte der Telefon, der Kino, Radio, Fernsehen, Computer hat nur ein Jahrhundert Lebenszeit. Aber der Trennungen eingeführt durch sind Techniken Sie haben gewesen damit gewalttätig und Ich kenneSie haben LED zu Kap damit schnell, was Es scheint

33

was ist es so dort von für immer".

Technologie allein reicht jedoch nicht aus, um die Kommunikation innerhalb des Unternehmens zu verändern die Gesellschaft und viel weniger Andere Probleme Was der von der Koexistenz kulturell an der Brust der internationalen Gemeinschaft. Es gibt einen Unterschied zwischen der Geschwindigkeit der Zirkulation von der Beiträge und der Langsamkeit von der Änderungen an der Praktiken Methoden Ausübungen Sozial. Wir werden fortfahren Ost Thema später, aber wir wollen das Thema mit Worten ansprechen Waffen des gleichen Autors:

„Wenn eine Kommunikationstechnologie eine wesentliche Rolle spielt, dann deshalb symbolisiert oder katalysiert einen radikalen Bruch, der gleichzeitig in der Kultur dieser Gesellschaft.

Ein prinzipiell unbestrittenes Potential für die pädagogische Aufgabe ist die Möglichkeit, die neue Technologien bieten, um Produktion zu demokratisieren und umzustellen ihr Werkzeuge an Instrumente von Autor. Die Wahrscheinlichkeit von *personifizieren* diese Ressourcenes wird davon abhängen von der Kontexte von Aneignung bedeutsam was jeden Institution Schule kann aufbauen Komm herein jeder der Agenten und Fächer was teilnehmen an ihr Projekte von Integration.

Die Schulen und die Lehrer auf einer Welt im Wandel:
Die Punkt von Abfahrt zum Start arbeiten
An der Schläge wir haben angegeben etwas Elemente charakteristisch der Welt Strom und, zu Paar- Schuss von dort, wir haben erzogen Fragen und Reflexionen mit der Ende von kann artikulieren und aufbauen Neu Vorschläge von Lehren.

Der Bildungsspezialist Andy Hargraves weist darauf hin, dass der Unterricht derzeitEs ist ein Beruf, der unter anderem unter der Spannung zweier Kräfte leidet. Einerseits wird es erwartet dass Lehrer in der Lage sind, einen Lernprozess durchzuführen, der dies ermöglicht Entwicklung von Innovationsfähigkeit, Flexibilität, Engagement und ggf in diesem Sinne, Förderer oder Förderer der Informationsgesellschaft zu werden und das Wissen und alle Möglichkeiten, die es verspricht. Andererseits wird damit gerechnet der Lehrer und der Schulen mildern und entgegenwirken Probleme von unsere

34

Wetter, wasder tief Ungleichheiten wirtschaftlich und an der betreten zu Waren symbolisch, der übertrieben Konsumismus und der Verlust des Zugehörigkeitsgefühls zur Gemeinschaft.

Die Integration von IKT in die Bildung kann neuen Entwicklungsdruck erzeugen der üblichen Aufgaben eines Lehrers und in ihrer Art zu unterrichten. Arbeite mit Technik- audiovisuelle und Computertechnologien erfordert den Erwerb neuer Kenntnisse, die über die hinausgehen eigen Disziplin was Ich kenne ist Lehren und behalten *Aktualisiert;* Damit Was anbieten, andere Lehre der Fächer, Ansätze im Einklang mit den Änderungen, die das Neue Technologien provozieren an Bedingungen von Produktion wissenschaftlich, und relevant an Beziehung zu globalen Problemen. Es impliziert, die eigene Praxis und das eigene Design zu reflektieren Räume und Zeiten, in denen der Unterricht stattfindet.

„Der Verlauf des Bildungsfortschritts gleicht eher einem Schmetterlingsflug als dem Flugbahn einer Kugel", ist die Metapher, mit der der Erziehungswissenschaftler Phillipe Jackson (1998) beschreibt die Aktivität in den Klassenzimmern und verweist auf unvorhergesehene Situationen, einzigartig, instabil und unbestimmt an der ist notwendig improvisieren. Auch das passiert-ra Das mit der TIC. Hier, der Sachverstand, der Kreativität und der Empfindlichkeit -alle Aspekte von der Intuition–, Ausgleich der Kräfte der Vernunft, Reflexion und Erklärung, wird a sein wertvoll Quelle zum Abrufen, um sich zu orientieren Lehreraufgabe. Zwanzig

Wir haben bereits damit begonnen, es anzusprechen: Kulturelle Veränderungen verlaufen in einem anderen Tempo alsder Innovationen technologisch. Es gleich das passiert mit der Ausbildung Lehrer und der Praktiken Methoden Ausübungen pädagogisch Es wichtig ist übernehmen der Weg von der Erkundung und der Erfahrung-nung zum der Eingliederung von der Neu Technologien mit der Klarheit von was sind Nein Sie sindein Selbstzweck, sondern Mittel und Wege, um ausgefeiltere, verfeinerte Formen zu erlangen Verständnis. Verfügen über an Geist Ost Ziel erlaubt vermeiden der Pyrotechnik, der Sensualismus undder Verwüstung von es was Gaston Bache Schmalz bezeichnet "Interesse unrein" oder der falsch Zentren von Interesse, die den Schüler von echtem Wissen ablenken.

35

Im Zusammenhang mit der Integration neuer Technologien in den Unterricht werden die Fragen Grundsätzlich bleiben beim Nachdenken über einen Unterrichtsvorschlag: warum was, zum was und was Lehren?, Verzeihung organisieren der Lehren?, was und Verzeihung auswerten?,
Von was Modus Muss erziehen zum besser zu werden der Zustand Mensch? Wir zielen für immer zu trinken Entscheidungen begründet und konsistent und zu planen, Verständnis was Das Spaß-Münze, was es sagt Pierre Bourdieu (1997), Was ein "Rahmen" und Nein ein "Galgen". Offen, flexibel, überprüfbar, die Pläne müssen als Arbeitsleitfaden fungieren, da sie sind, in den Worten von Dino Salinas Fernandez (1994), „Hypothesen, die auf den Prüfstand gestellt werden", insbesondere wann für ihn Lehrer die Verwendung von IKT ist etwas Neues.

Lasst uns weitergehen jetzt zu der folgende auseinander gerissen, wo wir werden präsentieren etwas Schlüssel zum integrieren der IKT in der Schule. ICH.
Schlüssel zum integrieren der TIC

Zuerst Schlüssel: Aufbauen der Beziehung mit der Technologien

Die Wahrnehmungen und Erwartungen, die wir in Bezug auf die Tugenden und Möglichkeiten haben Merkmale neuer Technologien beeinflussen die Art der Herangehensweise und nutzen diese Lass es uns tun von Sie. Nach Forschung letzten [21], der Lehrer zustimmen an erkennen als positive Aspekte, dass IKT die pädagogische Aufgabe erleichtern, die Qualität verbessern Bildung und erweitern die Möglichkeiten für den Zugang zu Wissen. Andererseits, Viele wahrnehmen was Aspekte Negative, der Sensation von „Entmenschlichung von der unterrichten- Manie" und der Glauben von was der Technologien Sie können ermutigen der „Familienleben" an der Studenten.

Angesichts dieses Meinungsfeldes ist es angebracht, sich daran zu erinnern, dass Technologien einige Parameter für individuelles und soziales Handeln haben. Das heißt, sie erleichtern unterschiedlich Typen von Aktionen, Interaktionen, Organisationen, lernen, etc., und behindern Andere. Dies ist, in wenigen Worten, die Definition von *Angeboten* [22], ein Konzept, das dies nicht tut hat eine wörtliche Übersetzung ins Spanische, aber wir könnten sagen, dass es in Begriffen verstanden wird relational min: Technologie bietet uns gewisse *Möglichkeiten* und wir schaffen, wir teilen Bedeutungen, Renderings, Werte, und wir entwickeln Aktivitäten und Anwendungen
Favoriten um herum von Sie. An Ost Sinn, an der verwenden, an der Beziehung

was wir gründenmit technologien verändern sie uns und wir verändern sie.

Ist wichtig Markieren, auch, was der Kontext an was der Interaktion mit der Technologie von- Selten greift ein deutlich an der Definition von der Erfahrung? Unsere Verknüpfung mit derTechnologie Nein Ich kenne macht von Form isoliert: der vielfältig Muster von Annahme und von verwenden Ergebnis von der unterschiedlich Praktiken Methoden Ausübungen Sozial an der Ich kenne Einfügung, und Nein von der Technologien an Jawohl vermissen- mehr. Die Darstellungen kulturell Sie spielen ein Papier hervorragend an der Wahrnehmung Sozial von der Position und der Natur von der Technologie, der die Übung zu ausführen mit ihr und der Werte was Ich kenne geben Sie zum Meeting. Dies ist ein Idee wichtig was Viele Autoren betonen zum Nein entstehen an der *Determinismus technologisch,* gemäß der welcher der Technologie ist der nur weil von der Änderungen kognitiv, von der Praktiken Methoden Ausübungen Sozial, von der Ideen und von der Formen von Leben an die Gesellschaft. An ist Linie von Gedanke, viele Sie fielen an der vereinfacht Erläuterung von was der Schreiben, derAlphabetisierung und vor allem der Buchdruck brachten im Westen die Religionsfreiheit, der Revolution industriell und wissenschaftlich, der Herkunft von der Demokratie und der Kapitalismus, usw. An dagegen, Andere Autoren Sie haben gezeigt was Nein ist der Technologie von der Schreiben an Jawohl falschma der was weil Entwicklungen kognitiv Neu, Was durch Beispiel: Kategorisierung, Erinnerung, Argumentation logisch, etc., Andernfalls der Prozesse von Schulung beteiligt, der BewertungSozial von sind Aktivitäten und der Konformation von Geräte institutionell was der drücken und stimulieren. 23 Ost ist ein von der Sinne an was wir posieren was der Beziehung mit der NeuTechnologien Ich kenne bauen. Ist durch das, auch, was an Ost Modul wir gehen zu sprechen von der TIC an Bedingungen von *Möglichkeiten* , von Möglichkeiten von Aktion wahrgenommen an Drehkreuz zu Sie, von Herausforderungen, und Nein so sehr von Auswirkungen Was etwas was wir können Vorhersagen.

Schaffen Kontexte von Lernen mitTIC
Um eine größere Klarheit der Darstellung zu erreichen und gleichzeitig zu versuchen, was zu vermeiden nach dem Gesagten eine reduktionistische Betrachtungsweise der Sache wäre, werden wir bestellen und In diesem Abschnitt werden wir einige der Beiträge oder Möglichkeiten des Neuen problematisieren Technologien nach unterschiedlichen Ansätzen.

Von ein Perspektive instrumental, wir könnten sagen was der hauptsächlich Beiträgevon neuen Technologien bis hin zu menschlichen Aktivitäten werden in einer Reihe von Funktionen konkretisiert Tonnen was erleichtern der Realisierung von der Hausarbeiten, da sind, sein der was sein, für immer erfordern, dass bestimmte Informationen ausgeführt werden, ein bestimmter Prozess- Ich lüge Das und oft, der Kommunikation mit anderen Leuten.

An Bedingungen Allgemeines, der Neu Technologien erleichtern der betreten zu der Information an Mu-Leute und sortiert Themen, an unterschiedlich Formen (Texte, Bilder Fest und an Bewegung, Geräusche), zudurch von Internet, der CD-ROM, der DVD, usw. UND auch Sie sind Instrumente was ermöglichen:

Daten schnell und zuverlässig verarbeiten: Berechnungen durchführen, Texte schreiben und kopieren, schaffen Basen von Daten, ändern Bilder; zum es es gibt Programme spezialisiert: Blätter Tabellenkalkulationen, Textverarbeitungen, Datenbankmanager, Grafikeditoren, Bilder, Töne, Videos, Multimedia-Präsentationen und Webseiten usw.;

Aufgaben automatisieren;

Speichern Sie große Mengen an Informationen;

Kommunikation sofort, synchron und asynchron 24 einrichten,

Gemeinsam arbeiten und lernen;

Inhalte produzieren und im Web veröffentlichen;

Beteiligen Sie sich an virtuellen Gemeinschaften.

Jetzt Gut, Plus dort von alles es was wir können tun, welcher möchten der Gelegenheiten im pädagogischen Bereich? Man könnte mit der Feststellung beginnen, was uns erlaubt, voranzukommen In einem neuen Verständnis ist zu sehen, dass IKT eine Reihe von Werkzeugen sind, mit denen der Individuell interagiert von Form aktiv Bildung -Was vorschlagen Gabriel Silo-mon, David Perkins und Tamar Globe son (1992), Technologieforscher und Bildung – eine *intellektuelle Verbindung* , die es Ihnen ermöglicht, Aufgaben mehr auszuführen effizient u in weniger Zeit und benutze sie auch als "Werkzeuge" denken" [25].

In den letzten zwei Jahrzehnten hat die Perspektive der „verteilten Kognition" an Stärke gewonnen. Gibt". Das heißt, die menschliche Intelligenz als über das Reich hinaus verteilt zu betrachten der Organismus eigenes Selbst, umfassend zu Andere Menschen, anlehnen an der Medien symbolisch und Nutzung der Umgebung und Artefakte. In Perkins' Worten wäre es die „Person na-mehr" die Umwelt. Das heißt, die Person kann ihre *Leistung verbessern, ihre* erweitern Fähigkeiten oder gehen Sie weiter, erreichen tiefgreifende Veränderungen in ihren Verständnisprozessen. Zion. ZU der TIC was Angebot ein *Verband* oder *Zusammenarbeit intellektuell* Ich kenne der Ha namens"Instrumente kognitiv" oder "Technologien von der Geist" da möglicherweise ermöglichendem Schüler, auf einer Ebene zu denken, die die Grenzen seines kognitiven Systems überschreitet. Zum der Autoren erwähnt, "der Baustelle von ein Person an Zusammenarbeit mit der Technologiekönnte viel ‚intelligenter' sein als die Arbeit der Person allein". [26] Sie warnen, ohne Diese Zusammenarbeit erfordert jedoch Anstrengung, und wenn eine überlegene Entwicklung angestrebt wird, oben muss sich der Schüler engagiert beteiligen, mit freiwilliger Aufmerksamkeit (in „nicht-automatischer" Weg) und lenken die erfüllte Aufgabe kognitiv. Solomon (1992) weist darauf hin was ist *Verband intellektuell* ist analog zu der Lage was Ich kenne weckt wann ein Gruppe der Menschen bündelt ihre geistigen Fähigkeiten, um gemeinsam ein Problem zu lösen, Pose ein Strategie oder schaffen ein Design Komplex. Nach der Autor, "Etwas sie werden dominieren bestimmte Themen und durch Externalisierung geben sie den anderen Mitgliedern der Gruppe von verwenden Prozesse was Nein könnten verwenden allein". Jetzt Gut, Würfel Ost Artvon Verband, kann Frag uns wo wohnt der Intelligenz. Die Autor Erklären: "Ich kenne könnte argumentieren, dass Intelligenz nicht nur eine Qualität des Geistes ist, aber die ein Produkt der Beziehung zwischen mentalen Strukturen und internen Werkzeugen ist. Von der Kultur bereitgestellte Telelektuale. Perkins (2001) kommentiert dieses Denken und in der Person verteiltes Lernen – mehr treten in Situationen deutlicher hervor in der eine authentische und breite Untersuchung entwickelt wird: ein Student, der a Prüfung, ein Werbung was Überlegen ein Glocke, ein Direktor was macht ein Film, einTechniker was Entwürfe ein Brücke. Nach Ost Autor, an Ausbildung, meistens, der Fokus

Und Center an der Person "Solist", was Verwendet Enzyklopädien, Bücher, Texte,

Materialien zumzu studieren, aber um ihn auszuführen, wird ihm selten etwas anderes als ein Stift und Bleistift zur Verfügung gestellt Papier. Bereits was zum der Autor der Person Solist Nein ist plausibel an der Lebenszeit Real, betont was der Schulen Sie sollten helfen zu der Studenten zu handhaben *der Kunst von der Erkenntnis verteilt.* Außerdem geschieht die effektive Nutzung der Umwelt nicht automatisch weil es da ist, verfügbar. Wenn es nicht gelehrt wird, neigen die Schüler dazu, es zu ignorieren etwas von der oben Anwendungen von der „Strukturen von Unterstützung körperlich, symbolisch oder Sozial" wasist es so zu seine Umfang. Durch Beispiel, der Zusammenfassungen, Titel, Indizes und der Wissen von der textuelle Strukturen sind Teil des symbolischen Unterstützungssystems, das ausgeführt werden muss ein lesen Wirksam. Ohne Embargo, ohne Ausbildung an Strategien von lesen, der Studenten Nein Sie können nehmen Vorteil von Sie und meistens lesen linear von der Anfang noch bis der Ende.

Wenn wir an IKT denken, finden wir Möglichkeiten, alle Arten von zu kultivieren Fähigkeiten im Zusammenhang mit der genialen Verteilung von Gedanken und Lernen. Die *Schlüssel* sie sind in gewisser Weise eine Orientierung in diesem Sinne.

Viele Male wurde vorgeschlagen, dass angesichts der wachsenden Zunahme an verfügbaren Informationenedel an Internet, bereits Nein möchten damit wichtig Lehren Inhalt Andernfalls Fähigkeiten zumUmgang mit diesen Informationen. Allerdings aus der Perspektive, die wir präsentieren Diese Unterscheidung ist jedoch unbegründet, da ein grundlegender Aspekt in der Technik der verteilten Kognition ist die Vermittlung von Wissen. Lassen Sie uns damit aufhören Punkt. Im Allgemeinen beinhaltet das Verständnis einer Disziplin nicht nur Wissen der "Stufe der Inhalt" (handelt, Verfahren), Andernfalls auch es was könnte namens Wissen von "Befehl höher", Über von der Strategien von Auflösung von Probleme,Stile von Rechtfertigung, Erläuterung und Merkmale investigativ der Domain an Hinweise-Thion, da ist Ost Stufe der was beeinflusst an der Fähigkeit von tun, von aussortieren Probleme,Herangehensweisen vorschlagen usw. Diese Strategien und Modelle bieten die Hauptpfade aus denen das relevante Verhalten in der Domäne ausgewählt werden kann, und sie sind die die den damit verbundenen Aktivitäten Bedeutung verleihen. Fehlt die Struktur von Befehl höher, der Darsteller se gehen begrenzt in ihren Optionen. Zustimmen mit Perkins,

„Eine personenzentrierte Plus-Perspektive weist darauf hin, dass die Parameter und grundlegende Bahnen der menschlichen Entwicklung können sich ändern, je nachdem, was könnte allgemein als Nuancen der Umgebung und der Beziehung zwischen betrachtet werden der Mensch mit ihm. Und sicherlich kann man sich einen Bildungsprozess vorstellengefangen was Ich kenne Ost an höher Grad zu der Person plus, StärkungStudenten, um mehr Wissen und Kunst in Bezug auf die anzusammeln kognitive Ressourcen, die von den physischen und menschlichen Mitteln bereitgestellt werden, bedeutet dies umgebe sie; Studenten tatsächlich zum Bauen befähigenum ihn herum sein persönliches „Mehr", sein eigenes Umfeld für ein Programm, das

An Synthese, der Sinn von aufbauen der Beziehung er durch der Seite von Lehren zu ausnutzen der Systeme von Unterstützung an Situationen authentisch und geben Sie der Werkzeuge zum der Wissenvon Auftrag von oben.

Jetzt, den Blick mit einer sozialen und politischen Perspektive erweiternd, werden die Schulen, die den Jugendlichen unterschreiben, einen signifikanten Nutzen aus dem TIC zu ziehen und die Systeme zur Unterstützung der Kognition zu nutzen, die Türen zu neuen Zugangsmöglichkeiten zu einem öffnen Höherer Informationsfluss, größere Gelegenheiten, sich mit Quellen von Lernakne und Arbeitsmöglichkeiten vertraut zu machen. Denn das, was wir auf dem Ostmodul sehen werden, sind die Technologien der Information und der Kommunikation. Nein. Sie sind einfach ein Mittel, ein Medium oder ein Werkzeug

für die Entwicklung der Intelligenz, sonst ein Raum mehrdimensional, öffentlich, kollaborativ, für das Bauen aus Ideen, Konzepten und Interpretationen, die Organisation und das Handeln. Die TIC tragen einen Raum bei, der die Aufgaben des Klassenzimmers integrieren und ergänzen kann, insbesondere im Experimentieren und Lernen anderer Arten des Wissens und anderer Möglichkeiten, sich auszudrücken, zu kommunizieren und sich sichtbar zu machen. Außerdem wird die größere Verfügbarkeit von Informationen besser genutzt, wenn jungen Menschen beigebracht wird, Fragen zu stellen und die Probleme mit neuartigen, sachdienlichen und signifikanten Ansätzen zu kürzen (Wissen – höherer Ordnungsgeist). Nicht zuletzt stellen wir uns potentiellen Anlässen, junge Menschen mit eigenen Ideen und Kriterien auf die Teilhabe am gesellschaftlichen und öffentlichen Leben zu befähigen, zu fördern und vorzubereiten. Somit würde der älteste und bessere Zugang zu den

Möglichkeiten, die die IKT bieten, zur Demokratisierung beitragen

Medien für die Teilnahme

Howard Rheingold – bereits erwähnter Autor auf East Material – denkt, was die neue Tenneologie, was die Telefone, Handys und die Computer im Netz, sie können, verwendet werden können, was für die Teilhabe an der Demokratie bedeutet. Hier werden wir einige ihrer Vorschläge mit Bezug zum östlichen Thema zusammenfassen.

Diese Technologien zu nutzen, zu kommunizieren und zu organisieren, kann die wichtigste tragende Bürgerkompetenz sein, die sich die Jugendlichen aneignen müssen.

Public Voice ist eine Möglichkeit, Medienkompetenz und bürgerschaftliches Engagement zu vereinen. Junge Menschen, die sich an sozialen Online-Netzwerken beteiligen, greifen auf andere Räume der Öffentlichkeit zu, da sie in digitalen Umgebungen nicht nur konsumieren, sondern auch schaffen: Sie suchen, adoptieren, Ich kenne angemessen, erfinden Formen von teilnehmen an der Produktion kulturell.

• Junge Menschen leiten sich oft gegenseitig bei der Nutzung von IKT an, aber sie brauchen auch Anleitung darüber , wie diese Fähigkeiten in demokratischen Prozessen angewendet werden können. Die Medien zum der Beteiligung Sie können sein ein Werkzeug mächtig zum ermutigen zu der Jugendliche zu sich mit ihrer eigenen Stimme zu Themen engagieren, die sie betreffen. Nimm sie aus dem AusdruckZion Privat zu der öffentlich zugänglich kann Hilf ihnen zu einbiegen in der Selbstdarstellung an Andere Formen vonBeteiligung. Die öffentliche Stimme ist erlernt, und es ist eine Frage des bewussten Einsatzes ein öffentlich zugänglich aktiv, Plus was ein einfach Diffusion von Beiträge zu ein Publikum passiv.

• Die Stimme von der Einzelpersonen wiedervereinigt und an Dialog mit der Stimmen von Andere ist der Base Mantel-Geist der öffentlichen Meinung. Wenn es die Macht und die Freiheit hat, Einfluss zu nehmen öffentlichen Entscheidungen und erwächst aus einer offenen, rationalen, kritischen Debatte unter Gleichgesinnten, kann sein ein Instrument wesentlich zum der Führung.

• Die handelt von Kommunikation Sie sind grundlegend an der Lebenszeit Politik und bürgerlich von ein von-Demokratie. Anzeigen zu der Studenten Verzeihung verwenden der TIC zum Prüfbericht zum öffentlich zugänglich, geben SieUnterstützung für Anliegen, Organisation von Aktionen zu bestimmten Themen, Mittel zur Beteiligung Zitat Sie können fügen Sie sie ein an ihr Erste Erfahrungen positiv von Staatsbürgerschaft.

- Die Produktion an der Medien ist unterschiedlich von der Produktion von, durch Beispiel, Waren Wirtschaft- Affen, da verfügen über der Fähigkeit von überreden, inspirieren, erziehen, führen der Gedanke und Überzeugungen. Die technische Leistungsfähigkeit von Kommunikationsnetzen ist wichtig, weil sie sich vervielfacht der Fähigkeiten Mensch und Sozial bereits vorhanden von Formen Vereine was möglich machen Aktionen Kollektiv. Die Netzwerke Elektronik ermöglichen lernen, argumentieren, absichtlich, organisiere dich zu Waage viel größer und zu Rhythmen zu der Vor Nein war möglich. Die Kultur partizipatives sollte sich auf Ausdruck und Beteiligung in der Gemeinschaft konzentrieren. Diese neuen Kompetenzen was Ich kenne assoziieren zu der Kugel Sozial von Zusammenarbeit und Beteiligung Muss nicken-Unkraut an der Alphabetisierung traditionell, der Fähigkeiten Techniken und von Gedanke kritisch.

der Gesellschaft insgesamt und würde Studenten und Kommunen einen Mehrwert bieten.Herr zu ihrer eigenen Bildung, Ausbildung und Entwicklung hinzugefügt.

Die Lehren und der Technologien
dürfen sagen was, an Form parallel zu der Diffusion von der Medien von Kommunikation und derneue Technologien in der Arbeits- und Freizeitwelt, Bildungssysteme Sie haben versucht, mit höher oder weniger Erfolg, gehören sie dazu an der Praktiken Methoden Ausübungen von Lehren. An Li- nähert Allgemeines, Ich kenne Ha passen von ein Vision zentriert an der Möglichkeiten der bedeutet, mittel, zum motivieren zu die Studenten und erleichtern der Verständnis von der Inhalt Lehrplan.

Ungeachtet des Vorstehenden wird festgestellt, dass die Einbeziehung neuer Technologien in die Bildung erzeugt mit einer gewissen Häufigkeit „Zyklen des Scheiterns". [27] Wenn eine Technologie ist entwickelt und geworfen zum Markt, entstehen verschiedene Interessen und Faktoren was neigen zuWende es an zu der Lösung von Probleme lehrreich. Von ist Form, Ich kenne generieren Erwartungenwas Nein Ich kenne sie entsprechen. Es wächst der Wahrnehmung von was der verwenden ist unzureichend und unproduktivGelübde, was den paradoxen Effekt hervorruft, die alten Bildungsformen zu verstärken, die es gab vorgesehen verwandeln. Dies Ich kenne würde erklären, Komm herein Andere Faktoren, durch der Glauben von wasdie Einbeziehung neuer Technologien *per se garantiert* pädagogischen Wandel und rechtfertigt. Ist es was Ich kenne bezeichnet *Fokus Techno-zentriert.* ODER, durch der Gegenteil, der Trend *neue Technologien in bestehende Bildungspraktiken* zu integrieren und zu nutzen tun das was Übereinstimmungen mit der Philosophie u Praktiken Methoden Ausübungen pädagogisch vorherrschend

Die Aufnahme von Neu Technologien erreichen würde Ergebnis ein Innovation Jawohl wurden begleitet von Änderungen konzeptionell an der Konzeption von seine verwenden und von der Reflexion an durch was und zum was benutze sie, welcher Sie sind der Beiträge und was Art von Lernen Ich kenne kann fördern mit Sie.

Es ist wichtig, an dieser Stelle einen Moment innezuhalten, um die Notwendigkeit zu betonen Berücksichtigen Sie die *menschliche Dimension* , wenn Sie versuchen, deren Transformation zu fördern Natur. Bei der Einführung von IKT stehen nicht nur Überlegungen an Lernmöglichkeiten, aber auch *menschliche Probleme* beteiligt bei verarbeiten und institutionelle Rahmenbedingungen in welchem es wird produziert.

Die Denkweisen und die Vorgehensweisen, die Arbeit auszuführen, sind miteinander verbunden, unter anderem auf die verwendeten Technologien (Bücher, Kreide und Tafel etc.) und sind tief verwurzelt in den Menschen – Lehrern, Verwaltungsangestellten und Schülern – und in der institutionelle Kulturen. Dies ist Teil des sogenannten *impliziten Wissens, praktisches Wissen, implizite Theorien* oder *praktische Handlungsschemata* . Jeder von sind Konfessionen, Herstellung Hervorhebung an Etwas Aspekte Plus was an Andere, Punkte zu erklären was Ich kenne behandelt von ein Wissen was allein kann sein formalisiert teilweise, die sich im Laufe der Zeit durch Lernprozesse angesammelt hat eigen üben pädagogisch, und was Ich kenne anwenden in Anbetracht ein Vielfalt von Situationen Beton und unwiederholbare, artikulierende komplexe Antworten. [28] Sie sind persönliche implizite Theorien darüber Lehren und Lernen, die ebenfalls auf Wissen rekonstruiert wurden pädagogisch durchdacht und übermittelt an der Ausbildung. Gibt Theorien oder Schemata unausgesprochen gegenüber Praktiken bestimmende Kraft haben, in dem Sinne, wie sie es zulassen regulieren sie und kontrollieren sie, und sie haben auch eine gewisse Stabilität.

Kurz gesagt, dies ist eine Art Erfahrungswissen, dargestellt in Bildern oder

44

Pläne, von Charakter subjektiv, persönlich und situativ und zu der Zeit eigenes Selbst von ein Kollektiv Fachmann. Wenn wir dies im Hinterkopf behalten, können wir verstehen, dass Lehren nicht einfach ist Anwenden ein fortsetzen und einhalten mit der Ziele von Inhalt, da permanent Wir entwickeln Aufgaben, die nicht durch Verfahrenshandbücher geregelt werden können bzw durch Planung. Berücksichtigen der Wissen stillschweigend Ich kenne kehrt zurück grundlegend wann Ich kenne fördern Veränderungsprozesse.

Diese Art zu verstehen, was die Handlungsprinzipien formt und aufrechterhält, wiederum erlaubt uns zu verstehen, dass die Einbeziehung einer neuen Technologie kann tiefgreifende Veränderungen in eingefahrenen Vorgehensweisen und die Überarbeitung mit sich bringen von Etwas Annahmen an der Wissen und der Disziplinen, an der Lehren, der lernen-rechts und wie wir lernen zu lehren.

Ebenso müssen wir dies berücksichtigen, indem wir IKT einbeziehen und den Vorschlag ändern Das Unterrichten modifiziert einerseits auch die Art des Lernens und der Leistung wir warten von der Jugendliche, Das ist, seine *Zustand von Schüler.* UND, durch andere, Ich kenne der einsteigen bei anderen Verwendungen von Technologie, an die sie vielleicht nicht gewöhnt sind (oder direkt Geist, Nein Sie haben Gefärbt betreten). Die Ermittler an Ausbildung Gary Fenstermacher (1989:155) heißt es: „Die *zentrale Aufgabe des Unterrichtens ist es, den Schüler zu befähigen, die Hausarbeiten der Lernen"* [29] – zu der bezeichnet „Schüler " – und geben Sie Unterstützung zu der Aktion von lernen. Ist sagen, der Professor sollte anweisen zu der Jugendliche Über von der Verfahren und Anforderungen an ihre Rolle als Studierende, die neben der Erfüllung der Lernaufgaben "Es enthält behandeln mit Lehrer, durchkommen mit der eigen Gefährten, nach vorne ausgerichtet Stirn zuder Väter der Lage von sein Schüler und auch Kontrolle der Aspekte Nein Akademiker des Schullebens."

Wir verstehen, dass sie durch von ihnen durchgeführte Aktivitäten Bewertungen vornehmen was Ihnen Sie haben gewesen vorgestellt, der Stile von der Lehrer zu der was Sie haben Gefärbt was anpassen-und die Routinen der Institution, haben auch ein *implizites Wissen entwickelt,* einige Möglichkeiten , *ein Student zu sein* und natürlich eine Reihe von Strategien und "Tricks" dazu abspielen der abspielen von der Beziehung pädagogisch Dann, zum modifiziert sein der Hausarbeiten von Ich lernte-Zone, der Routinen, etc., Sie werden haben was

45

beitreten zum Veränderung und Vorauszahlung zu Neu Modivon "lernen" und zu der Eingliederung von der TIC Was Unterstützung körperlich zu der Erkenntnis und Wege zu lernen, Staatsbürgerschaft auszuüben. Das heißt, auch wenn sie Kontakt habenaus der Schule mit neuen Technologien, sie müssen lernen, damit zu lernen sie in anderen Kontexten und für andere Zwecke verwenden und sich der Herausforderung stellen, über den Tellerrand hinaus zu denken.Modi Neu.

Dies ist ein weiterer Sinn, in dem wir sagen, dass die Beziehung zur Technologie sein muss baue es.

Die Jugendliche und der Neu Technologien

Aus dem oben Gesagten leitet sich ein weiterer Aspekt ab, den wir für diese Konstruktion ansprechen wollen kürzlich und aus der Beobachtung über den Ansatz und die Nutzung von IKT, die von der gemacht wurden Jugendliche was verfügen über betreten zu Sie. An Erste Ort, der Jugendliche Sie lernen zu benutze sie im Alltag, durch Versuch und Irrtum, aus dem Spiel, informell, implizit, intuitiv, visuell, wundern und Bereitstellung Komm herein Jawohl Anweisungen einfach,

Tricks und Empfehlungen, mit bestimmten Zwecken der Information, Unterhaltung und Kommunikation. Im Gegensatz zu vielen Erwachsenen verstehen sie die *Sprache schnell von Schaltflächen* und navigieren Sie mühelos in der Komplexität von Computernetzwerken. Es scheint, dass sie, wie Jesus Martín Barber und German Rey (1999) sagen, begabt sind einer „neuronalen Plastizität" und einer „kulturellen Elastizität".

Zweitens kann bestätigt werden, dass es sich um Praktiken handelt, die dazu neigen, sich unter den Menschen zu verbreiten sie als Symbol der Zugehörigkeit zu bestimmten Gruppen.[30] Das heißt, jenseits von BequemlichkeitSie finden im Umgang mit diesen Technologien eine Art Ermutigung, sie zu nutzen eine Quelle sozialer Differenzierung sein.

Abschließend aktuelle Forschungsergebnisse weisen darauf hin, dass junge Menschen in ihrem Rahmen Möglichkeiten, Sie benutzen ein breit Spektrum von Medien und Haushaltsgeräte. Diese Ich kenne unterscheiden Komm herein

46

„Vordergrundmedien" und „Hintergrundmedien". Erstere stehen im Mittelpunkt, während was der Sekunden bilden ein Umgebung schön an der was arbeiten und Spaß-kotzen Darüber hinaus verwenden sie häufig zwei oder mehr gleichzeitig. Diese Kapazität istbezeichnet *Multitasking.*

Die Lernen an Drehkreuz zu der Möglichkeiten von der Technologien

Eine letzte Perspektive, in der wir vorschlagen, über die Konstruktion nachzudenken von der Beziehung mit der TIC, Punkte zu Denken Sie an sie an der Rahmen von der Kultur und der die Gesellschaft. IstMit anderen Worten, Technologien werden in anderen Kontexten als der Schule entwickelt und wir beziehen uns auch in anderen Bereichen darauf.

Ein in der Mediengeschichte immer wieder verifizierter Vorgang deutet darauf hin, wannDiese Geschichte beginnt, die Menschen bauen eine Bindung zum neuen Medium auf lösen überwiegend an der Kontakt, gebunden zu der Faszination was produziert ca.- Stuten zu der Neuheit technologisch. An ein Sekunde Bühne, Sie starten zu artikulieren ein Verbrauch nach Inhalten und thematischen Bereichen diskriminiert. Es ist nur in einem dritten Moment, wenn das Medium ist in der Lage, Variationen im Ausdruck der Inhalte anzunehmen undDifferenzierung in der Zählweise, in der verwendeten Ästhetik etc. weichen. Tat was Ich kenne gehen Entwicklung diese Stufen, erscheinen der Differenzierungen an der appellierenzum Empfänger und bei der Segmentierung von Empfängerprofilen.

Ost ist der Sinn an der was der Beziehung Ich kenne bauen: Denken wir nach, durch Beispiel, an der sein zu-Mündung der Filme und der Fernsehen. Die Experimentieren und der Lernen an Drehkreuz zu ihr Codes undMöglichkeiten ausdrucksvoll, durch Teil von Produzenten und Filmemacher. UND zu der Zeit, der Antwortender Öffentlichkeit und ihr schrittweises *Lernen, sie zu sehen* und sich mit ihnen vertraut zu machen. Die ersten Filme Hintern Ich kenne Sie schienen zum Theater, der Erste Programme von Fernsehen Sie sind was der Radio, usw. An ist Linie von Argumentation ist logisch denken was der Anwendungen Initialen von der TIC Wende anum bekanntere pädagogische Formen.

Offensichtlich ist das Denken über das Neue aus dem Erbe der Vergangenheit möglich undFrage der Paradigma bestehender. Ist ein Chance zum generieren Vorschläge zum derErneuerung der Befehl niedergelassen. Aber mit der Ideen Neu oder erneuert auch Reform- Pappeln unsere Wirklichkeit Gegenwärtig und Zukunft, da Nein nur wir wissen Plus, Andernfalls da Ich kenne geöffnet haben Türen zum Andere Gebiete Nein Bekannte. Dies ist ein Herausforderung, ein Wette und ein Chance, da kann trinken der Spannung was Ich kenne Form Komm herein der Sicherheit und der Unsicherheit dümmer was ein authentisch Kraftstoff zum denken, tun Wissenschaft oder schaffen. [32]

Die Lektion, die wir von den Filmemachern, Produzenten und Regisseuren lernen können Medien und IKT ist, dass sie sich mit Technik beschäftigen, experimentieren, sie suchen, sie studieren, sie sehen, was andere dagegen tun, sie versuchen, innovativ zu sein, in a und mit dem Publikum, der Öffentlichkeit und den Nutzern zurückkehren. Die Ausdrucksformen im Kino und der Fernsehen, damit was jeder der Entwicklungen mit TIC Nein entstehen von ein Zeit und zum für immer:Ich kenne gehen erneuern, Gebäude. Wir denken, damit, was der Eingliederung von Technologien von Information und Kommunikation bis hin zur Lehre kann als ein verstanden werden Chance für signifikante Veränderungen und nicht als Reaktion auf sozialen Druck Technologie-Update.

Kurz gesagt, das Verständnis der sozialen, kulturellen und historischen Dimension dieser Veränderungen passieren an der Formen von Schallplatte und Übertragung von der Wissen gebaut sozialTee uns Es erlaubt verstehen durch was der Technologien von der Information und der Kommunikationwerden nicht als *ein weiteres Werkzeug verstanden,* sondern als tiefgreifender gesellschaftlicher Wandel und strukturell an der Formen von konzeptionieren und begreifen der Welt was uns umgibt; und durch esso sehr, an der Formen von zugreifen, lernen und wissen der um herum. Haben an Rechnung istsehen, wir werden haben Elemente Neu zum überdenken unsere Annahmen pädagogisch und

Entscheidungen darüber, was, wofür, warum und wie, die die Einbeziehung von IKT in dieLehren. Die Reflexion über diesen sozialen und kulturellen Rahmen liefert uns auch die Chance definieren eine Verwendung mit Bedeutung und was Mehrwert hinzufügen die Vorschläge.

Sekunde Schlüssel: Die Volumen von der Information

Internet ist ein Netz Welt von Computers verbunden was Teilen Informationund Ressourcen. Im alltäglichen Gebrauch werden die Begriffe *Internet* und *World Wide Web* (aus dem Englischen, "Spinnennetz von Breite Welt"), bekannt auch Was der Netz oder der Netz, mit Großbuchstaben, Ich kenne beschäftigen undeutlich. Ohne Embargo, mit der Ende von kann ausnutzen der Potenzial lehrreich was sind Technologien Angebot, Muss wissen was Nein Sie sind es gleich. Die Netz ist ein System von Information viel Plus jüngste was beschäftigt Internet was bedeutet, mittel von Übertragung.

Ob wir wissen, wie das Internet funktioniert oder nicht, eine der kursierenden Ideen ist, dass es so ist eine großartige Bibliothek, in der wir fast alles finden können. Es gibt eine Wahrnehmung unbegrenzte Verfügbarkeit von Informationen, Stimmen, Standpunkten, Ressourcen, usw., was überwältigend sein kann. So sehr, dass dieses Phänomen in der bezeichnet wirdFachtexte wie *Hyperinformation* , *Informationsüberfluss* , *Daten Smog* , *Lawinen* , *Überschwemmungen* etc. [33] Zu beachten ist, dass es einen inhaltlichen Unterschied gibt Komm herein *Information* und *wissen* : ist Lügen an der die Übung kognitiv von der Fächer. Ist viel der Information zu der was kann zugreifen, aber andere Ding ist der Wissen Nachteilewahr an Base zu ihr, Gut Ost beinhaltet Prozesse eigenwillig zum seine Aneignung und Transfer, und Ich kenne durchdacht an Base zu ein Netz von Verbindungen bedeutend zum ein Fach, in einer konkreten Situation und in einem konkreten Praxiskontext. [3. 4]

Was wir erwähnen an der Schlüssel früher, basierend an der Beurteilung zu der schematisch übertragen-Zion von Wissen verstanden allein Was Information (Daten, Definitionen, etc.) was die Studenten Sie sollten erwerben (sich einprägen), Viele Autoren und Lehrer setzen der Hervorhebung an der Wachstum von Fähigkeiten Komplex, Was entwickeln an der Studenten der Geist kritisch und Fähigkeiten zum der Fahren von der Information, bereits was zum zu lagern Information ist es soder Maschinen, was es tun besser. Ohne Embargo, Ost Begeisterung durch Teilen der Hausarbeiten Komm herein Wesen Menschen und Maschinen uns kann tun vergessen was wir brauchen sich einprägen, erinnere dich, zum zusammensetzen ein Base von Information und Wissen von Befehl höher was uns erlaubt später, Komm herein Andere Sachen, konfigurieren unsere Kriterien zum auswerten der Daten was Lass uns finden an Internet. Die Gedanke Nein Ich kenne gibt an der leer, Andernfalls was ist Gefahren und unterstützt durch derWissen erworben, so sehr an der Form von handelt spezifisch was an der Anfang von Organisation und Argumentation. Was es sagt Emily Zelt Fanfan (2005: 115-116):

Diese Betonung der Entwicklung komplexer Fähigkeiten, wann er von der Hand von ein Abschreibungen von der Idee von Ausbildung was Aneignung (und Nein was Auswendiglernen) von Wissen und Hauptstadt kulturell, an Allgemeines, kann verfügen über Konsequenzen Negativ. An Wirkung, der Präferenz ehemalige-Absprachen durch der Kreativität und der Fähigkeiten Kritik kann bleibe an gut Intentionen wann Ich kenne Autonomien und Ich kenne widerspricht zu der Idee von Ausbildung was
Aneignung von der Früchte von der Kultur und von der Zivilisation [...] Die Kreativität und der Gewissen Beurteilung bilden Konzepte leer Jawohl Nein gehen begleitet durch ein stark Hervorhebung an der Domain von diese Werkzeuge von Gedanke und von Aktion was der Herren Sie haben entwickelt, verschlüsselt und angesammelt zu es Längevon seine Geschichte. An irgendein Veränderung von der die Übung Mensch, so sehr wissenschaftlich- sowohl technisch als auch ästhetisch oder sportlich, sind eher erfinderisch und schaffen der was Ich kenne Sie haben angemessen von diese Elemente kulturell vorher entwickelt [...] Die wissen angesammelt verfügen über Das Tugend: Nein allein ist Wissenfertig, Andernfalls auch Methode, Strategie, Instrument, Ressource zum zu kritisieren und überwinden es Würfel. Dies ist ein charakteristisch von der Kultur zeitgenössisch. An Andere Wörter, wann Ich kenne behandelt von Wissen und Kompetenzen Komplex, der reproduzieren-Diktion ist innig gebunden zu seine eigen Produktion erneuert. Die Kultur Komplex Ich kenne bewahrt und verwandeln an ein gleich Bewegung".

Was wir vorschlagen, ist, dass die Vermittlung dieser Fähigkeiten durchgeführt werden sollte zusammen mit dem Wissen der ersten Ordnung und die von Auftrag von oben.

Fähigkeiten zum der Fahren von der Information
A) Ja was wir brauchen verstehen von etwas Modus Verzeihung der Bibliothekare Befehl und Verkostung- Logan der Bücher (und jeder der Materialien was kann finden an der Bibliotheken) für geben _ mit das was kann Diene uns, zum finden Information an Internet Muss lernen-rechts zu verwenden der Werkzeuge von Suche und verstehen seine Logik. EIN von sind Werkzeuge, der Plus benutzt, Sie

50

sind der *Motoren von Suche.* Grundsätzlich, wir traten ein der Wörter Schlüssel und was Ergebnis ist wahrscheinlich was Lass uns ... Holen Hunderte von Tausende von Verweise, obwohl Neinalle der ist es so an Internet. Uns wir finden ihr Stirn zu zwei Probleme. Durch ein Seite, der Websites unsichtbar zu der Motoren von Suche (Uhr der Kasten *Internet ungesehen)* und, durchein anderes, das Problem der Relevanz. Die Informationen erscheinen ungeordnet und fragmentiert. Nein existieren Regeln Strukturierung. Die Suchmaschinen ermöglichen finden der Information, aber nein der organisieren. Dies kann tragen zum Verwirrung. Durch das, viele mal, der Füllevon Information Nein Ich kennè Übersetzen Notwendig an ein Zunahme der Wissen.

Das Ziel ist also zu unterscheiden, was nützlich, was glaubwürdig, was interessant, was sogar wichtig istwas zu mal Ich kenne verfügen über der Sensation von Abfall viel Wetter an prüfen Kleinigkeitenoder Information ein kleines bisschen wäre. Nikolaus Luftblasen und Thomas Callister (2201: 62-72) Sie sprechenvon *Hyper-Lesen* Was der Fähigkeit von "finden und von lesen an Form selektiv, auswerten undFrage, was gefunden wird, das heißt, ihre eigenen Verbindungen zwischen den herzustellen Wunden, Ort an Zweifel der Verknüpfungen was Andere bieten, Wunder durch der schweigt oder die Abwesenheiten". Daher betonen die Autoren:

"Die Fähigkeit Beurteilung zum lesen der Information an Form selektiv, bewerte es und sie zu hinterfragen ist eine der grundlegenden erzieherischen Herausforderungen lief die neuen Technologien".

Welche Fähigkeiten erfordert das Suchen und Finden der benötigten Informationen? Ta? Edith Lit gewinnt (2004), ein Spezialist in der Bildungstechnologie, schlägt vor:

Identifizieren Sie die Art der Informationen.

Ausführlich der Bedingungen zum ausführen der sucht (und zum verlängern sie: ein von derMerkmale des Internets ist, dass a Ding führt zum anderen).

Implementieren Strategien von suchen (zurück zu Suchmaschinen, Seiten von Links, etc.).

Aufstellen Kriterien zum zur Auswahl der Material an Funktion von der

51

Zwecke und derAufgabenbedingungen.

Auswerten an welche Größe dieser Typ von Informationen sind nützlich zum Zwecke des Hausaufgaben.

Bestätigen der Material ausgewählt an Beziehung mit der Kontext von Produktion und an Relais-Zinn mit dem wissen und die Methoden von die Disziplinen beteiligt.

Durchführen Validierungen jeden Zeit Plus angepasst (Auswahl grob und gut).

Entscheiden Sie, ob Sie mit der Suche fortfahren möchten oder nicht.

Diese Aktionen, die Suchen und Finden beinhalten, können vom Lehrer durchgeführt werden, um zu sehen, Vorlesung der Material didaktisch zum ihr Studenten. Ost sind in der Lage sein angeboten von Modi Plusoder weniger formal strukturiert: *lose,* auf *Schatzsuche,* wie *Nachforschungen* oder *Web-Quest.* Eine grundlegende Tatsache, an die man sich erinnern sollte, ist die Tatsache, dass es einfach ist, Informationen zu manipulierendigitale Bewegung, insbesondere durch *Cut - and - Paste-Ressourcen,* ist unerlässlich generieren Slogans, die eine Arbeit der Ausarbeitung gewährleisten über die Informationen.

Die Suche und die Auswahl können nacheinander auf die gleiche Art und Weise durchgeführt werden. Schüler, unter Anleitung des Lehrers, bis sie den höchsten Grad an Autonomie erreichen und mögliche Selbstregulierung. Zum Beispiel durch die Methode des Lernens durch Projektion Husten. Was ist mehr, ist wichtig was der Studenten verstehen durch was ist notwendig auswerten der Information gefunden. ZU verlassen von dort, nicht nur lehre sie zu arbeiten mit Informationkommen von unterschiedlich Quellen, Andernfalls auch, führe sie zum planen Verzeihung kommunizieren und die Ergebnisse teilen und grundsätzlich auf der Grundlage von Ethik und Verantwortung handeln. Verlässlichkeit in der Nutzung von Informationen.

Schließlich müssen wir uns daran erinnern, dass die Entwicklung dieser Fähigkeiten zwar unerlässlich ist, Bindungen, das heißt, sie in einem sinnvollen Rahmen von Aktivitäten zu unterrichten bedeutend und relevant.

Etwas Kriterien zum auswerten der Information

Notwendig wir werden haben was investieren Wetter an Rang, zur Auswahl und diskriminieren.UND, auch lehren, wie es tun.

Die Bewertung der Materialien, die im Netzwerk verfügbar sind, erfordert manchmal Viel Wissen über die Gegend. Wenn Sie dieses Wissen jedoch nicht haben, schätzen Glaubwürdigkeit bedeutet, sich einige Fragen zu stellen:

Wer: Wer sind die Informationsquellen? Wird der Name der Organisation angezeigt? Veröffentlichende Organisation und die des Verantwortlichen? Geben sie eine Kontaktadresse an? Viele mal fanden wir das Informationen unter "Über uns" oder „wer wir sind".

Wann: bezieht sich auf die Gültigkeit und Aktualisierung der Informationen veröffentlicht.

Warum: Was sind die expliziten Ziele der Organisation? Diese Information es erscheint normalerweise in „Unsere Mission" oder in „Institutionell".

Warum wurden die Informationen veröffentlicht: um zu verkaufen? Mit Fakten zu informieren und Daten? Zum teilen, stellen erhältlich Ideen, Wissen? Parodieren?

Wie: bezieht sich einerseits auf die Qualität und Richtigkeit der Inhalte (are die Quellen?, sind Links angegeben?, etc.). Andererseits sind Grafikdesign und An-Gemüse

Wessen es empfohlen und Verzeihung wir sind angekommen zu Ost Seite? ∨: der Verknüpfungen von und zu ein Ressource sie implizieren einen gegenseitigen Glaubwürdigkeitstransfer. Wenn eine Person bereitstellt einen *Link* zu einem anderen oder erwähnt ihn, gehen wir davon aus, dass es sich um eine Empfehlung handelt. Bur- Glühbirnen und Callister (2001: 66) stellen fest:

„Die Kette von Verbindungen, die das Internet darstellt, ist ein riesiges Netzwerk von Beziehungen Glaubwürdigkeit: diejenigen, die aktive Links zu vertrauenswürdigen Informationen herstellen und deren Informationen oder Ansichten sowohl identifiziert als auch anerkannt werden Von anderen erwähnt, gewinnen sie sowohl als Nutzer als auch als Nutzer an Glaubwürdigkeit Informationsanbieter. Wir nennen dieses Netzwerk *ein Kreditsystem.Fähigkeit verteilt"* .

Ost Es repräsentiert ein von der Methoden Plus effizient und zunehmend Plus benutzt zumdie Suche nach Informationen. Das Interessante an all dem ist nicht nur die Möglichkeitin der Nähe von identifiziert etwas Websites was uns angeben der Route zu der Ressourcen was uns Sie können Ergebnis Werkzeuge, Andernfalls auch vorschlagen zu der Studenten der Herausforderung von sein Anbietervon Informationen oder Ersteller von Inhalten und Generatoren von Austauschnetzwerken. Ist Mit anderen Worten, wir haben hier Möglichkeiten , Ihnen eine *echte Aufgabenstellung* anzubieten lernen, und einen konkreten Weg, *sichtbar zu werden* und erste Erfahrungen zu machen Teilnahme am öffentlichen Leben.

Nehmen von Entscheidungen an der betreten zu der Information

Noch bis der Aussehen von der Medien von Kommunikation und der TIC an der Ausbildung, der Fragedurch der Verlässlichkeit von ein Quelle Nein war erzogen was ein brauchen. Die Inhalt undder Form an was Ost war eingereicht an der Buchen von Text sie ruhten, grundsätzlich, auf die Glaubwürdigkeit des Herausgebers. Es war in den Klassenzimmern nicht üblich, Fragen zu üben Hinterfragen Sie die Absichten der Autoren oder die Behandlung der verschiedenen Themen. Manuel Bereich Moreira (2002b), Spezialist an Neu Technologien und Ausbildung, Er sagt:

"Die Buchen von Text ist der Rektor Material was hat der Fakultät woInhalte werden bereitgestellt und die Vorschriften werden auf praktischer Ebene operationalisiert. Toons eines bestimmten Lehrplans. Wie Gideon vorschlägt, die Schultexte sind die Übersetzerressourcen und Mittler zwischen den Pro- offizielle Umsetzung des Lehrplans und Unterrichtspraxis. Im Text steht die Methodik, die die Entwicklung der Ziele ermöglicht, sind Sobald die Inhalte ausgewählt und sequenziert wurden, wird eine Gruppe vonAktivitäten darauf, die Unterrichtsstrategie ist implizit.Akne worauf der Lehrer achten soll.

Aber andererseits mit der größeren Menge an Informationen, die uns zur Verfügung stehen, mehr Anzahl Quellen. Das Merkmal ist, dass sie verstreut sind, sie erscheinen in verschiedenen alle Formate, Stile und Designs; dienen verschiedenen Zwecken und waren es nicht immer erstellt speziell für Bildungszwecke.

Mit der Eingliederung von der Information und der Ressourcen von der TIC Ich kenne machen notwendig Wühlmaus-uns bei dieser Frage zu fragen, welche Ressourcen wir wie einsetzen werden Wir werden sie kombinieren, wenn wir alle Informationen bereitstellen, die wir für wichtig halten. Wichtig, oder wir werden die Schüler zur Praxis des Suchens und Nachdenkens anregen. Wir erwägen dass diese Alternativen sie sind nicht exklusiv.

Netz 2.0

Wir treten in eine neue Phase des Internets ein, die einen Namen bekommen hat: Web 2.0. Mit diesem Begriff wird eine neue Generation von Anwendungen bezeichnet. Toons und Systeme von der Netz was ermöglichen Einrichten Beziehungen von viel zu vieloder Gemeinschaften. Die Netz 2.0 Es repräsentiert ein Veränderung von Konzeption von der Netz. ZU abweichen- der vorherigen, mit statischen Websites, selten aktualisiert und ohne Interaktion mit der Nutzername, der Netz 2.0 ist ein Plattform Kollaborativ wo Ich kenne schaffen Inhalt dynamisch, dh sie werden im Netzwerk produziert und können vor Ort bearbeitet werden. Dies ist möglich Danke zu Werkzeuge was benötigen sehr wenig Wissen technischcos. Durch Beispiel, von der Enzyklopädien *online* Wir haben bestanden zum Konzept von der Wikipedia, andie jeder an der Entwicklung der Themen beteiligen kann; der Standorte persönlich für Weblogs, viel einfacher zu veröffentlichen und zu aktualisieren; von Verzeichnissen Inhalte zu organisieren, zu denen des *Tagging* oder Social Labeling, bei denen die Kategorisierung toing von das veröffentlicht ist fertig durch der sich Benutzer. Von Ost Modus, der Netzdas passiert zu sein ein Plattform Vor was ein bedeutet, mittel oder Kanal von Kommunikation.

Der Vorschlag der Macher und Entwickler des Web 2.0 lautet, sich permanent zu verbessern Achte auf diese neue Architektur der Partizipation, in der du liest, zuhörst oder zusiehst, Dies geschieht durch Teilen, Sozialisieren, Zusammenarbeiten und vor allem durch Schaffen. Hier die Innovation entsteht von Merkmale verteilt durch Entwickler unabhängig unddie Änderung ist dauerhaft. Die Vorstellung ist, dass "Web 2.0 nicht gerade ein Technologie, sondern die Einstellung, mit der wir daran arbeiten müssen, uns im Internet weiterzuentwickeln. Die nur Konstante sollte sein der Veränderung, und an Internet, der Veränderung sollte von sein GegenwärtigPlus häufig".

55

Etwas Anwendungen und Systeme von der Netz 2.0

Podcast: Audiodatei, die über eine RSS-Datei verbreitet wird. Im Projekt Kollaborativ podcast.org (an Spanisch: http://www.podcast-es.org/) Ich kenne kondensieren alles es zu dieser Ressource: eine erschöpfende Liste von Podcasts, Informationen zur Vorgehensweise mach sie, Programme.

Sie Tube.com: Shops Videos und es erlaubt, verwenden der Code HTML, seine Wiederveröffentlichung. Ost harmlos Code erlaubt zu Millionen von bloggen und Veröffentlichungen Elektronik, Einfügung Videos gelagert an youtube.com an ihr eigen Veröffentlichungen. Die Neuauflage erwirbt kostenlos und einfach die Fähigkeit zur Verwandlung automatisch seine Veröffentlichung an Multimedia und interaktiv. Zum der Verteiler Original (durch Beispiel Sie Tube.com), der Wiederveröffentlichung es bedeutet Zunahme bedeutend seine Oberfläche von Kontakt mit des Benutzers Potenziale an ihn _

Kompetenzen Basic: lernen zu suchen nach Information, zu lernen und zu teilnehmen
Nach Autolos Monroe (2005), der Kompetenzen zum suchen nach Information und lernen zu lernen Ich kenne verweisen zum einstellen von Strategien was ermöglichen lernen zu verlassen von ihr

Eigene Ressourcen. Diese zielen darauf ab, einen Lehrling auszubilden:

Dauerhaft, fähig von lernen zu es Länge von alle seine Lebenszeit und von anpassen zu der Änderungen;

Autonom, das seine Ressourcen selbstbestimmt nutzt. Das heißt, jemand, der fähig ist Richtlinien, Empfehlungen und Leitfäden von anderen Experten zu verinnerlichen und das irgendwie wie sie ihn begleiten;

Strategisch, was entsorgen von Ressourcen und von Wissen an Funktion der Ziel pro-Folgend, und kontextbewusste Entscheidungen treffen Lernen;

Was *selbst regulieren* (überwachen, Monitor) seine Prozess von Lernen, nehmen Entscheidungen was, wie, wann und wo in jedem Moment zu lernen ist;

Was lernen von Situationen von Lehren Nein formell (Museen, Programme von Fernsehen Sohn, Zeitungen usw.).

56

Die Entwicklung zivilgesellschaftlicher Kompetenzen hingegen richtet ihr Interesse auf die Kon- zusammen mit Kenntnissen, Fähigkeiten und Dispositionen, um zum Zusammenleben beizutragen, demokratisch am öffentlichen Leben teilnehmen und Pluralismus bei der Verfolgung wertschätzen der Gut gemeinsam. Die Integration von der TIC bietet an Gelegenheiten und Werkzeuge mächtig-sass um Bürger zu bilden:

Unterrichtet und mit einer kritischer Blick, beyogen auf die Spiegelung und das Argumentation;

Mit ein Einstellung offen zum Dialog u respektvoll von der Diversität;

Was teilnehmen an Form aktiv und verantwortlich an der Lebenszeit öffentlich zugänglich?

DieIKT als Studiengegenstand? Entwicklung kritischer Kapazitäten
Wir haben *Information* von *Wissen unterschieden* und einige Kriterien dafür vorgestellt die Informationen auswerten. Wie wir gesehen haben, sind dies seither zwei wichtige Maßnahmen lügnerisch zu assimilieren der zwei Konzepte und auch Ich kenne Ha überbewertet der Verfügbarkeit durchüber der Qualität der Informationen. Trotz aller möglichen Vorsichtsmaßnahmen an der Auswertung von der Verlässlichkeit von der Information, noch wir rennen der Risiko von bekommen-betrachten das Internet als neutrale Informationsquelle oder einfach als Hilfe oder Ressource pädagogisch. Ist wichtig Pose Themen Über von der Interessen von der Autoren und vonder Formen von Darstellung der Welt was Das Information diffus. Ist sagen, was seine-schlägt David Buckingham (2005) – Forscher und Spezialist für Medienerziehung – vor,der TIC Muss sein eingebaut was Objekt von lernen zum Seite von Andere Medien was derFilme, Fernsehen und Radio.

Eines der Ziele der Bildung weist auf die Entwicklung kritischer Fähigkeiten hin. Aber von Was ist gemeint, wenn der Begriff „kritisch" verwendet wird? Was unterscheidet einen kritischen Ansatz eines unkritischen? Wer definiert, was unkritisch ist?

Buckingham sagt, dass der vorherrschende Ansatz zur Medienerziehung damit

57

zusammenhängt„Kritik" zu *entmystifizieren,* zu *entmythologisieren,* Ideologie sichtbar und wach zu machen an der Einschränkungen von der Texte Medien. Dies Position ist konzipiert an Bedingungenrein Negative bereits was seine Ziel ist Kennzeichen der Mängel von der Medien (Brombeere-Ihnen, ideologisch, ästhetisch), und Es scheint implizieren davon ausgehen von im Augenblick etwas Art von Zensur.

Was ist mehr, an der üben Ich kenne produziert zu häufig ein Lage an der was nur Ich kenne verleihen Aufmerksamkeit zu *ein* lesen wirklich Beurteilung, was neugierig neigt zu sein oder übereinstimmenmit der Lektüre des Lehrers. Wenn die Schüler verstehen, dass dies die Orientierung ist toing was nehmen der Arbeit an Medien und TIC, schließen was beschuldigen der Einschränkungen von der Medien ist der Antworten was Ich kenne warten von Sie. Buckingham hält was bereits zu verlassen von derImAlter von zehn Jahren sind Kinder in der Regel sehr gut darin, diese *Mängel* in Bildungsprogrammen zu erkennen. Die Fernsehen und was Ich kenne Show Kritik zum Respekt. Unter Ost Fokus und Dadaist der Leichtigkeitmit dem die Schüler begreifen, dass dies zu tun ist, dazu führen kann in einer Situation, in der der Lehrer bestrebt ist, den Schülern Dinge beizubringen, die das sind Sie glauben was bereits Sie wissen. Durch Ost Grund, Buckingham hält was Ich kenne Sie brauchen FormenAnalysen, die nicht auf „richtige" Messwerte angewiesen sind. [35] Dafür ist die Die Entwicklung kritischer Denkfähigkeiten wird aufrechterhalten, wenn Raum für das vorhanden ist persönlich, zum Teilen Interpretationen, Antworten und Gefühle subjektiv; zu beschreibentägliche Erfahrungen mit den Medien und reflektieren diese. Es geht um Förderung eine analytischere und reflektierendere Vision, die versucht, sie innerhalb eines Verständnisses zu verorten geräumiger. Ebenso ist es notwendig, den Zeit- und Energieaufwand zu strukturierenkritisches Denken lehren. Das heißt, einen Arbeitsrhythmus anzunehmen, der es erlaubt Schüler entwickeln ihr Denken, nehmen sich Zeit zum Nachdenken, zum Hinterfragen zum Ausprobieren alternativer Lösungen beim Problemlösen, zum Arbeitsbewertung usw. Es ist auch sehr wichtig, die Übertragung von zu lehren Fähigkeiten des kritischen Denkens in anderen Situationen und anderen Kontexten.

Bei der Vermittlung von Fähigkeiten zum kritischen Denken geht es nicht n darum, die Konstruktion der Argumentationslogik zu analysieren, sondern au darum, wie die Bedeutung konstruiert wird durch von der Kombination von Bilder und der Texte, der Wahrnehmung von *es was Ich kenne vielleicht*

58

Sprich aus dem Lesen der Gesten, den Vermutungen über *das* Ungesagte usw. anderes sonst- Etwas, das man im Hinterkopf behalten sollte, ist, was Roger Cartier (2000) darauf hinweist:

"Die Bücher Elektronik organisieren von Weg Neu der Beziehung Komm herein der Lasst uns-Toon und der handelt, der Organisation und der Argumentation, und der Kriterien von dernachweisen. Schreiben oder lesen an ist Neu Spezies von Buchen soll abbrechen von der Einstellungen üblich und verwandeln der Techniken von Akkreditierung der Rede Weise, ich ich meine zu der Termin, der Hinweis zum Fuß von Seite [...] Jeden ein von sind Formenvon ausprobieren der Gültigkeit von ein Analyse Ich kenne finden tief geändertvon was der Autor kann entwickeln seine Argumentation gemäß ein Logik was Nein ist Notwendig linear oder deduktiv, Andernfalls offen und relational, wo der Leser kann Konsultieren durch er gleich der Unterlagen (Aufzeichnungen, Bilder, Wörter,Musik) was Sie sind der Objekte oder der Instrumente von der Forschung. An OstSinn, der Revolution von der Modalitäten von Produktion und von Übertragung vonTexte ist auch ein Mutation ˥kenntnistheoretisch grundlegend".

˥ bis Hier wir haben betrachtet unterschiedlich Elemente zum sich nähern der ˥ der GedankeKritik innerhalb der kritischen Analyse und Kritik als literarische ˙. Jetzt Burbles' undCallister (2001: 62) Ich kenne Sie Fragen was Art von ˙u der TIC Okay der Schmerzen verfügen über, und Sie Antworten:

˙endig, die Aufmerksamkeit auf die Fähigkeit der Benutzer zu richten, ˙d analysieren, was sie dort [im Internet] finden. Ein effizienter ˙er Fähigkeit und der Wille von zur Auswahl und auswerten der ˙Menge an verfügbarem Material und auch die Fähigkeit, gehört ˙erden, einen Beitrag leisten im Guten Informationen, Ideen und ˙eigen".

˙ von ergänzen der *Analyse* mit der *Produktion* an der Arbeit ˙Produktion was Ich kenne stärkt mit der Leichtigkeit von zu der Netz 2.0 undder Wahrscheinlichkeit von verdienen ˙ein Anbieter glaubwürdig von Information.Wann Ich ˙elegenheiten zum produzieren, der die meisten von der Verständnis anspruchsvoll. Wie viel besser bekannt

59

schaffen Inhalt (Fotoromane, Blog, Videos, etc.), besser sind in der Lage auswerten der Ressourcen von Andere und schätzen der die guten Entwürfe und der Anwendungen einfallsreich; sind in der Lage unterscheiden Elemente oberflächlich von der wichtig zum Bilden Sie sich unabhängige Meinungen über den Wert und die Qualität der Informationen usw. Plus, Sie sich wahrnehmen ein Wert Aggregat an der Lernen wann ausführen Arbeitsplätzepraktisch, interagieren mit Andere und Sie spielen mit der Formen und Konventionen von der Medien und vonInternet. Durch andere Seite, Jawohl wir kombinieren Das, durch Beispiel, mit ein Arbeit an der Information von Wirklichkeit [36], einschließlich unterschiedlich Formate und Medien, wir werden sein beitragen zu entwickeln- Anruf der Kompetenzen Bürger. Was angeben Luftblasen und Callister (2001: 70):

„Hier geht es nicht nur um Bildung. [...] muss auchUhr mit der Gelegenheiten Arbeit, der Erwerb von Ressourcen kulturell und Unterhaltung, soziale Interaktionen und zunehmend Informationen und politische Beteiligung".

Mit all den bisher in diesem Material entwickelten Elementen scheint es klar, dass dieWachstum von der Fähigkeiten der Gedanke kritisch sollte festhalten von ein Modus Plus

Allgemein, und Nein beschränken zu der Medien von Kommunikation oder TIC. Die Gedanke kritisch ist eine Haltung, ein Bestimmung was Suche *Risse begehbar* an der Wissen, problematisieren,sein an *Zustand von Alarm.* Lehren der Fähigkeiten der Gedanke kritisch es impliziert was derStudenten erwerben Wissen und, auch, mach sie verstehen was von der sich nähernwissenschaftlich Sie sind vorläufig, was annehmen ein unvermeidlich ausgeschnitten und was an der Bereich von der Wissenschaften Ich kenne produzieren Begegnungen und Zusammenstöße von Theorien. Offensichtlich, was Lehrer Muss handhaben ist Spannung und der notwendig Allmählichkeit von der Lehren von diese Themen undThemen. Nein Lasst uns vergessen was der Fähigkeit Beurteilung es impliziert Nein geben Sie nichts durch Sitzung und davon ausgehender Verwechslung, der Zweifel, aber auch der Neugier und der Erstaunen.

Dritter Schlüssel:
Andere Formen von organisieren der Information,von vertreten und von erzählen.

Es audiovisuell, es Multimediaund es Hypermedien

"Die Rationalität Ich kenne Liga zu jeder diese Dachböden, Keller und Ein- und Ausgänge von der Geist,noch bis jetzt leichtsinnig, wo tummeln der Emotionen, der Metaphern und der sich vorstellen-Volk". Kieran Egan, *Die Vorstellung an der Lehren und der Lernen.*

Die Massenmedien spielten und spielen weiterhin eine herausragende Rolle Anstieg in der Konfiguration von Lebensstilen, Werten, Moden, Bräuchen, Einstellungen und Meinungen. ZU durch von der Medien Ich kenne Sie haben geschmiedet Ebenen von Aspiration, Modelle von Idee-Zertifizierung und von Beteiligung an der Kugel öffentlich zugänglich, und ein Neu Landschaft von Wissen an Drehkreuzmodisch und aktuell. Gerade das Fernsehen liefert uns viele Themensich im Alltag unterhalten. Zu diesem Szenario kommen noch ICTs und deren Geschwindigkeit hinzudass Jugendliche dazu neigen, neue Geräte und Dienste zu übernehmen [37]. Wie ich schon sagte- mos in der Zeile „Wichtig ist der Chip, Mabuchi", werden Generationslücken aufgerissen an der Beziehung mit der Technologien und Ich kenne sie investieren der Rollen an der Lehren und der lernen. Durchandere Seite, zu der klassisch Vermittlung von der Bücher und der Lehrer an der betreten zum Kegel-Stiftung und der Information, Ich kenne Summe der Beziehung Direkte was der Schüler kann verfügen über mit die Quellen, ihre Vielfalt und ihre Multimedia- und Hypertextformen. All dies zusammen zu den Transformationen, die wir in den verschiedenen Strichen erwähnen, hat beigetragentun zu Formen ein "Neu Klima kognitiv und von Lernen" [38,] an der was Ich kenne vermasseln

Sequenzen und Hierarchien, und an der was der Erwachsene fühlen haben hat verloren der Kontrolle an derInhalt zu der betreten Kinder und Jugendliche. Die Seite von der Institution Schule, Das Ich kenneÜbersetzen an der verkleinern von seine beeinflussen kulturell und ideologisch an der Ausbildung von derKindheit und der Jugend; Das ist, an Andere Wörter, der "hat verloren von seine Hegemonie sozialisieren-dorie". [39] Nach der Professor Tomasz Tadeu gibt Silva (1998: 10), "der Institution offiziell verantwortlich von der Hausaufgaben von Übertragung kulturell kondensieren der Platz von der Krise was Ich kenne Form an der

Konfrontation von es alt mit es Neu". Nach der Autor, der Abmessungen kulturell von der Krise von derSchule Ich kenne Erklären was der Schwierigkeit von reorganisieren um herum von ein Muster kulturell unterschiedlichder von der Modernität was Sie es gab Ursprung und der strukturiert während der Jahrhundert XX.

Wir haben bereits gesehen, dass IKT zwar signifikante Veränderungen in dem bewirken, wasbezieht sich auf die Produktion, Speicherung und Verbreitung von Informationen, die Übertragungen Inhaltliche Formationen unserer Zeit treten in den Wahrnehmungsformen und in der Strategien des Denkens, der Wissensproduktion und des Wissenserwerbs einerseits und andererseits andererseits in der Herangehensweise an aktuelle Problemstellungen aus neuen Bereichen Forschung, das Verwischen von Disziplingrenzen, die Untrennbarkeit von der Wissenschaft und der Ethik und von Änderungen an der Vorstellungen, Anfang und Verfahren von viele wissenschaftliche Bereiche. Wenn wir dies verstehen, können wir die Unterschiede relativieren. Komm herein der Praktiken Methoden Ausübungen täglich um herum von der Medien und der Neu Technologien und der Park-Tics eigen von der Institution Schule. Viele mal, so sehr an der Literatur spezialisiert wie in der Wahrnehmung der beteiligten Akteure, der Schule-Medien-BeziehungenKommunikation oder Schule-ICT und Lehrer-Jugendliche werden als Oppositionsverhältnisse dargestellt Position, in der Unterschiede polarisiert sind. Die Dichotomie läuft darauf hinaus, die zu assoziieren Lehrer, der Schule und der Kultur geschrieben, konfrontiert zu der Jugendliche, der Medien, der TIC undaudiovisuelle und digitale Kultur. Obwohl es meist Spannung gibt, fällt die Annäherung aus Komplexität und nicht Vereinfachung erlaubt es uns, die Dimensionen und zu erkennen die Integration von IKT in Schulen im Rahmen der erkenntnistheoretischen Revolution verlagern zeitgenössische Myologie, des Problems der Veränderung. Unbedingt die Ankunft der Medien audiovisuell und der TIC es impliziert *reorganisieren* Zeit, Räume, Routinen, Inhalt-zweitens und Wege, sich dem Wissen zu nähern. Es geht darum, sich zu sammeln und zu kombinieren, um sich zu *integrieren* die *alten* Technologien (Tafel, Kreide, Bücher, Hefte und Stifte) zu den *neuen* mit dem Ende von was entstehen ein Modell besser. ZU durch von der Integration von Medien und der Vielfaltvon Sprachen versucht, junge Menschen nicht nur darauf vorzubereiten, die zu verstehen und zu interpretieren Bilder (allgemein), sondern auch um auf andere Weise Wissen aufzubauen. Wurden Apropos von vielfältig Formen von bekannt, lernen und vertreten, von Klassenzimmer Maultier-sensorische und dynamische, die eine größere Interaktion zwischen

62

dem Lehrer und dem ermöglichen Studenten und unter Studenten.

Ein weiterer Schritt in Richtung "Reform des Denkens", wie Mo- Rim, ist die Ergänzung von Sensibilität und Vernunft zu verstehen. Hieronymus Bruner (1997: 31), aus psychokultureller Perspektive heißt es: "es besteht kein Zweifel, dass Emotionen und Gefühle werden in den Prozessen des Schaffens repräsentiert Bedeutung und in unseren Wirklichkeitskonstruktionen. Die Zugabe von Medien audiovisuelle Medien und IKT erleichtern diese Aufgabe, weil sie die Arbeit an anderen Logiken beinhalten: was affektiv, der Empfindlichkeit, der Karosserie. Die Bild Was Quelle von Information, Was Modusdes Wissens impliziert, die Facetten geistiger Aktivität wie Analogie, Intuition, globales Denken, Synthese, alle Prozesse, die mit der rechten Hemisphäre verbunden sind.rechts. Ist wichtig betonen sind Ideen: Wir sprechen von *integrieren* Ressourcen, Werkzeuge,Halbkugeln, Grund und Intuition, und Nein von *ersetzen* ein Logik durch andere weder Maschinen durch Menschen. Und das mit Flexibilität, denn „jeder Geist ist anders als der andere und ist ein Perspektive unterschiedlich Über der Welt [...] Wie viel höher sein der Flexibilität mitdass wir uns vorstellen, wie die Dinge sein könnten, reicher, neuer und effizienter es werden die Sinne sein, die wir komponieren". Kieran Egan (1999: 28-31 und 107), Professor an Bildung und Autor dieser Zeilen sagt, dass die Entwicklung der Vorstellungskraft entscheidend ist für die Entwicklung der Rationalität. Für ihn „eine Vorstellung von Rationalität, die es nicht gibt sieht die Vorstellungskraft als ihre 'Antenne' ist steril". Wir haben es bereits angesprochen: Wissen das, was in unserem Gedächtnis ist, ist der Aktion der Vorstellungskraft zugänglich; wir können nur aufbauen Welten möglich, Das ist begreifen Verzeihung könnten sein der Sachen, von es was bereitswir wissen.

Die Logik der Arbeit mit IKT lädt die Studierenden auch zu einem kollektiven Prozess ein gekennzeichnet durch einen *produktiven Zweck* : eine "Arbeit", die Aufgaben beinhaltet, die muss formal gelehrt werden, wie das Entwerfen von Ideen, das Untersuchen von Themen, die Planung der Aktivitäten, die Vorbereitung des Erlebnisses, die Übung Kollektive Produktkonstruktion. Wir sprechen hier einerseits von Interaktion in ein Raum, in dem sich die Schüler gegenseitig helfen, jeder nach seinen Möglichkeiten Fähigkeiten, und wo der Lehrer die Lernenden erleichtert und ermutigt, "ein Gerüst aufzubauen" einander auch. Kollektive Werke haben laut Bruner (1997: 41) die Eigenschaft, Gruppensolidarität zu erzeugen und aufrechtzuerhalten, weil „sie in der Gruppe

63

Formen schaffen *geteilt* und *verhandelbar* von denken". [40] Durch andere, produzieren Theaterstücke es impliziert „auslagern",und mit es bekommen "ein *Schallplatte* von unsere Bemühungen geistig, ein Schallplatte was ist 'war-von uns" [...], das unsere Gedanken und Absichten in gewisser Weise materialisiert Reflexionsbemühungen zugänglicher" (Bruner, 1997: 42). Die Werke sind die Formen Denkmaterialien. Die bloße Tatsache, sie zu produzieren, impliziert eine Aufgabe des Puttens Testen, Reflektieren, Bewerten, Umformulieren, Recherchieren, Austauschen und Verhandlung, von Öffnung zu sieht aus unterschiedlich und, zu der Zeit, von Annahme von ein Punktdes Anblicks. Einige werden sie bewusster und engagierter tun, andere nicht. So sehr. Durch das ist wichtig geben Sie ihnen der Chance von widerspiegeln an der Prozess, "Profi- Fahrt Metakognitionen an der Baustelle" und verallgemeinern, zu verlassen von der Erfahrung, mit Sie sehenauf zukünftige Situationen. Es ist, wie wir im vorherigen Schlüssel gesagt haben: Es gibt bestimmte Arten von Verständnis, die nur durch die Erfahrung von vollständig erreicht werden die Produktion.

Inhaltliche Transformationen rund um Wissen und Disziplinen; Öffnung zu andere Art von Wissen verbunden mit der Karosserie und der Empfindlichkeit; der Chance von Profi-Werke produzieren; All dies sind zentrale Punkte, die es bei der Arbeit mit IKT zu berücksichtigen gilt.Im Klassenzimmer.

In den folgenden Abschnitten gehen wir auf einige Besonderheiten der Formen von ein organisieren der Information, von vertreten und von erzählen was einführen der Modi audiovisuell-sie, Multimedia und Hypertext. Darüber hinaus werden wir einige der Möglichkeiten hervorhebenvon Lernen was, was Pädagogen, uns interessiert fördern. Wir werden starten Analysieren getrennt Elemente der Mündlichkeit und des Visuellen, die bereits im Unterricht vorhanden sind, und Zeichen Wir werden sehen, wie sie durch die Einbeziehung von IKT neu konfiguriert werden. Abschließend präsentieren wir die Fähigkeiten, die mit diesen Aspekten der Medien und neuen Technologien verbunden sind ist entwickeln müssen: lernen jetzt zu kommunizieren zusammenarbeiten.

Die Mündlichkeit
Mündlichkeit ist ein konstitutives Element von Beziehungen und Austausch im Leben jeden Tag. Die Gespräche, der Geschichten, der Lieder, der Radio Sie sind etwas von der ein-Austauschtänze und mündliche Übertragung. Wir können auch

die Bedeutung erwähnen von Musik für Jugendliche und zur Identitätsbildung.

Mündlichkeit ist auch ein konstitutives Element der Schulpraxis. Die Bestellung-Geburt Platz der Klassenzimmer -der Bestimmung von der Banken und Tafeln– bietetdie Bedingungen einer Organisation von Rede und Schweigen. Zum Beispiel Banken mit Blick auf die Tafel hintereinander aufgereiht und der Lehrer weist auf die Zentralität hin räumlich und symbolisch dafür, wer die Redewendungen organisiert. Das sehen wir auch bieten der Banken von Weg was der Studenten bilden die Kleinen Gruppen oder ein Kreis groß unter allen impliziert einen anderen Vorschlag von Rede und Austausch.

Die Stimme der Lehrer Folgen Sein ein wichtig bedeutet, mittel von Übertragung der Wissen.Denken wir zum Beispiel im Hochschul- und Ausbildungsumfeld (Kongresse, Dissertationen, Toons, Panels, Konferenzen). Diese Oralität [41] hat ähnliche Eigenschaften wie dieseeigen von der Gesellschaften ohne Schreiben an wie viel zu seine Mystik von der Beteiligung, der gefühlt-tun Gemeinschaft, seine Konzentration an der Gegenwärtig und eben der Arbeit von Formeln. Aber Ich kenne Es befasst sich mit einer formelleren Mündlichkeit, die auf der Verwendung von Schrift und gedrucktem Material basiert und sogar von TIC.

Mündlichkeit ist nicht nur der Raum, in dem das Hören vorherrscht, sondern wo es hineingestellt wird Ich spiele den Körper und die Fähigkeiten zum Lesen des Nonverbalen. für den Spezialisten in Kommunikation und Kultur Anibal Ford (1994: 37), „orality, narration, co- nonverbale Kommunikation sind an sich und in ihren Konflikten und Beziehungen zum Schreiben u Argumentation, im Zentrum der Sinnbildungsprozesse unserer Kultur. wahr". Wir befinden uns in einer Kultur, in der Erzählen, Erinnern durch Erzählen, Üben und bewerten der Wahrnehmung Nein verbal, zu streiten zu durch von der Aktion und der Fall zum wahrnehmender Wirklichkeit mit der Karosserie verfügen über ein stark Gewicht. Von Zustimmung mit Martin Barbier und DeutschKönig (1999):

„Worüber wir nachdenken müssen, ist die tiefe Verbundenheit – die Komplizenschaft it und die Komplexität von Beziehungen – das passiert heute in Lateinamerika zwischen der *Mündlichkeit* , die als primäre kulturelle Erfahrung der Mehrheiten und technologisch *visuell* , diese Form der „sekundären Mündlichkeit" was weben und organisieren der Grammatiken techno einfühlsam von der Radio und der Filme,von Video und Fernsehen. Nun,

65

diese Komplizenschaft zwischen Mündlichkeit und Bildbezieht sich nicht auf den Exotismus eines Dritte-Welt-Analphabetismus, sondern auf den Beharrlichkeit von Schichten tief von der Erinnerung und der Mentalität Kollektivdurch die plötzlichen Veränderungen des traditionellen Stoffes an die Oberfläche gebracht die die Modernisierungsbeschleunigung selbst mit sich bringt".

So können wir die kulturelle Dichte von Mündlichkeit und Narration wahrnehmen und mitnehmen Was Rahmen zum seine Wiederherstellung Was Modell kognitiv an der Vorschläge von unterrichten- wow Zum Bruner, der Erzählung ist ein Form von Gedanke und ein Fahrzeug zum der Schaffungvon Bedeutung wesentlich an der Verfassung von der Fächer. Nach Ost Autor, "der Fertigkeit

Erzählungen aufzubauen und Erzählungen zu verstehen, ist entscheidend bei der Konstruktion von unser Leben und die Errichtung eines 'Platzes' für uns selbst in der möglichen Welt durch denen wir begegnen werden". Das ist die Bedeutung , die Bruner der Arbeit mit Erzählungen beimisst, was fasst zusammen:

„Ein Bildungssystem muss denen helfen, die in einer Kultur aufwachsen eine Identität innerhalb dieser Kultur finden. Ohne sie stolpern sie in ihre Bemühungen um Sinnfindung. Nur im narrativen Modus Rechtzeitig kann man eine Identität aufbauen und einen Platz in der Kultur finden eigen. Die Schulen Muss kultiviere es, pflege sie, Lassen von Gib es durch selbstverständlich".

Egan (1999: 107) kommentiert: „In der Bildung haben wir dem Konzept einen Ehrenplatz eingeräumt dekontextualisiert, und Es scheint was wir haben Vergessene machen Wetter es was der Medien von Mit-Munition Plus mächtig von unsere Geschichte kulturell setzen von Manifest mit Klarheit:was der Bild affektiv ist entscheidend an der Kommunikation der Sinn und von der Bedeutung".

Überreste Damit skizziert der Beziehung Komm herein Ausbildung, Mündlichkeit und Narrativ zum kann einführen- kreisen Sie einige Arbeitsbereiche mit ein TIC.

Die unterschiedlich Medien von Schallplatte klangvoll (Recorder von Audio, Video, CD und DVD) Einführunginteressante Möglichkeiten in der Dynamik des

66

Mündlichen in der Schule. kann sein verwenden digitale Diktiergeräte, Musik und Geräusche näher zu bringen Studenten zu:

• Techniken der wissenschaftlichen Beobachtung, Sammlung und Analyse von Informationen: Erfassung von Geräusche oder Geräusche (von ein Ökosystem, von ein Umgebung Urban oder von Tiere, durch Beispiel),zum dann zeige und erkläre sie;

• der Schallplatte von Referenzen Oral, zu durch von Vorstellungsgespräche, an der Rahmen von Forschung im Bereich Sozialwissenschaften;

• Die Produktion von Inhalt Digital Oral was kann diffus an Internet. Durch Hm- Handlung, der Präsentation, Erläuterung und Debatte von Nachrichten der Monat relativ zu unterschiedlich Bereiche: archäologische Funde, Klimaphänomene, Umweltthemen, Politik, Wissenschaftler, Sozial, usw. Ich kenne kann, Damit, Punkt zu der Vertiefung von ein Thema Vertrag an der Klassenzimmer, zu durch von der Hinrichtung von ein Interview zu ein Fachmann spezialisiert an der Bereich, ein Umfrage, ein Debatte, etc., mit der Motivation von verbreite es durch Internet oder visuell [42]

Die Jahrhundert XX ist undenkbar ohne der Papier strukturell und konstitutiv gespielt durch der Bilder von der Ikonographie wissenschaftlich, von der Fotografie, der Filme, von der Fernsehen, von der Werbung undvon die neuen digitalen Medien.

Jegliche Reflexion über jegliche Ausdrucksmittel (schriftliche Texte; persönliche Berichte) journalistisch, Navigationsprotokolle; grafische, kartografische, bildliche Darstellungen; Fotografie, Kino etc.) die grundsätzliche Frage nach dem konkreten Verhältnis die zwischen dem externen Referenten und der von diesem Medium produzierten Nachricht besteht. Handelt von der Sache der *Modi der Vertretung.*

Speziell in Bezug auf die Fotografie können wir sagen, dass es eine Art von gibt Konsens Respekt von was der Real dokumentieren fotografisch *Ertrag Rechnung treu der Mann-tun* . Die Glaubwürdigkeit des fotografischen Bildes beruht hauptsächlich auf der Gewissen was Ich kenne verfügen über der Prozess

67

Mechaniker von Produktion von Das Bild. Die FotografieDer Glaube kann vor dem gesunden Menschenverstand *nicht lügen.* Das Foto wird als eine Art wahrgenommen Beweis, der zweifellos die Existenz dessen bezeugt, was er zeigt. Das Bedürfnis nach *Uhr zum glauben* Ich kenne finden dort befriedigt. Es was wir sehen an ein Fotografie ist *Wahrheit,* einFragment der Realität, etwas, das vor der Kameralinse existiert oder existiert hat. DieDie journalistische Fotografie ist ein Dokument, an dessen Richtigkeit wir nicht von vornherein zweifeln.Ohne Embargo, seine Wert Dokumentation, Zeugnis, Ich kenne die Geschenke an der gegenwärtig an ein doppeltabspielen: durch ein Seite, jeder was verfügen über ein Kamera kann zu registrieren Veranstaltungenund senden Sie sie an Zeitungs-Internetseiten. Und andererseits ist es einfach, dank der Digitalisierung, Retusche und Austricksen des Bildes.

Wir möchten betonen, dass dies nicht neu ist und dass es notwendig ist, dieses Doppel zu registrieren abspielen an ein Handlung kulturell und Sozial. Wille, dann, ein Route historisch begrenztdurch die unterschiedlichen Positionen von Kritikern und Theoretikern der Fotografie bzgl von Ost Anfang von Wirklichkeit. [43] Wir werden sehen was in Anbetracht der Diffusion Sozial von Neu TechnologienEs entwickelt sich eine ähnliche Dynamik wie heute. Unter Ihnen, der Gefühle gefunden Stirn zu der Wahrnehmung von der Änderungen, und der brauchenden kulturellen und sozialen Raum neu zu ordnen.

Die Fotografie, welcher Spiegel oder welche Verwandlung daraus real?

Fotografie als Spiegel der Realität entstand von Anfang an als Idee des 19. Jahrhunderts. Aussagen (für, dagegen, widersprüchlich, kontrovers, ärgerlich) Nickerchen) an der Fotografie Sie teilten der Konzeption von was ist, an Vergleich mit derBild, war *der Nachahmung Plus perfekt von der Wirklichkeit.* Dies Fähigkeit mimetisch der erhalten des sehr technischen Charakters des Verfahrens, das als Hervorhebung der angesehen wurde Bild *automatisch, objektiv,* fast *natürlich,* ohne das Eingreifen *der Hand des Künstler.* Zu dieser Zeit war die gesellschaftliche Wahrnehmung, dass die technische Mutation enorm war, undDas aufgewacht Furcht und Faszination zu der Zeit. Dort war, auch, Visionen Optimisten was EC-hat funktioniert der Freisetzung der Kunst von der Funktionen Sozial und utilitaristisch noch bis das Momentausgeübt durch der

Bild, was zu verlassen von dann möchten nehmen durch der Fotografie. An Das Zeit des Rollenwechsels geschah etwas, das wir heute als *Rückverwandlung bezeichnen würden der Berufe:* alt Porträtmaler sie haben bestanden zu sein Fotografen. Ist Was Jawohl in Anbetracht ein Neu?

Die Akzeptanz der Technologie hing von der Klärung ihrer Problembereiche ab. Darin dann, der Papier von der Fotografie bestand an behalten der Fußspuren der Vergangenheit und helfendie Wissenschaften in ihrem Bemühen, die Realität der Welt besser zu verstehen. Seine Funktion war Dokumentation, von Hinweis, von Schallplatte und Verlängerung von der Möglichkeiten von der sehenMensch. Es galt als *Assistent der Erinnerung* oder als *einfaches Zeugnis dessen, was passiert ist.gewesen.* Die Kunst, es imaginär und der Schaffung blieb reserviert zum der Bild. Ich kenne dagegen,Damit, der *Neutralität der Gerät* zum *Produkt subjektiv von der Empfindlichkeit der Künstler.*

Zwei Jahrhunderte dann uns wir fragten durch was so sehr dann Was heute ist damit wichtigAktionsräume für neue Technologien schaffen oder festlegen. Ist es ein Weg neu anordnen und geben Sie Ort zu es Neu? Ist ein Form von Widerstand in Anbetracht der Veränderung? IstAusdruck eines Machtkampfes um den symbolischen und kulturellen Raum und um die Differenzsoziales Zitat?

Fotografie als Transformation der Realität ist die Idee, die stark in der Jahrhundert XX. Ich kenne warnt was der Foto ist hervorragend codiert. Von der PsychologieWahrnehmung und Analyse eines ideologischen Typs, wird argumentiert, dass die Ähnlichkeit mit der die Wirklichkeit ist eine gesellschaftliche Konvention, eine willkürliche, kulturelle, ideologische Schöpfung. Von diesem Weise kann es nicht als Spiegel betrachtet werden, weil es Transposition, Analyse, Deutung, eben, Transformation von es Real. Durch dann? An Anfang, da bietet anein Bild bestimmt durch der Winkel von Vision, der Distanz mit Respekt zum Objekt unddie Rahmung. Es gibt ein *Auge* , das auswählt, was fotografiert werden kann, und Entscheidungen trifft. Von einem Analyse ideologisch Ich kenne diskutieren der vorgetäuscht Neutralität von der Kamera und der Objektivität,da es eine besondere Raumauffassung ausdrückt: die Renaissance-Perspektive. Ade- Darüber hinaus ist die Bedeutung fotografischer Botschaften nicht kulturell konstruiert erlegt jedem Empfänger als Beweismittel auf: bestimmte Codes von lesen. Damit wird der Wert eines Spiegels, eines exakten Dokuments, einer Ähnlichkeit in Frage gestellt.

69

Unfehlbar. Dann, durch Plus treu was sein ein Bild zum übertragen Information visuell,der Prozess von Auswahl für immer wird enthüllen der Deutung was seine Autor ist fertig von eswas für relevant halten.

An der gegenwärtig der Fotografie Ich kenne Verwendet mit vielfältig endet: Wissenschaftler, journalistisch, tun-kommensale, ausdrucksvoll -künstlerisch, persönlich-, Verwandtschaft, legal, illustrativ, usw.

Seine Deutung ist ein Fertigkeit wichtig zum lernen, damit was wissen der Verkauf- Ha und Einschränkungen der Instrument. An der Schule, zum produzieren und verwenden Fotografien, sind Überlegungen Muss sein unterrichtet. Ist wichtig wissen von was Modi Ich kenne Sie benutzenin den Wissenschaften und Künsten. Zum Beispiel in der Biologie, Foto- und Bildkameras Video Portion was Helfer zum der Überwachung, der Schallplatte und der Dokumentation. AnIn der Lehre wird die Mikroskopie in Ermangelung von Beobachtungsinstrumenten häufig eingesetzt anspruchsvoll. Im Bereich der Sozialwissenschaften dienen sie zwar als Zeugnis bzw dokumentieren, existiert gleichzeitig ein Spezies von *Zustand von Alarm* an der Punkt von Ansichtgeäußert durch der Fotograf. Die verwenden intensiv von der Fotografien an der Drücken Sie geschrieben zum Gipfel- Windel der Texte Ha vertieft der brauchen von Nein verlieren von Ansicht sind Themen.

In Anbetracht der dokumentarischen Möglichkeiten und der Charakteristik des DurchquertwerdensCodes stellen wir im Folgenden einige Arbeitslinien zur Verwendung der Kameras vorDigital:

•   Erkundung der Instrument. Experimentieren von Codes. Analyse von der Fotos. Die Übung-Zitat an unterschiedlich die Einstellungen und Winkel von Kamera mit der Ende von produzieren ein BotschaftBeton zum ein Adressat definiert. An Allgemeines, an der Erste Aufsätze Ich kenne produzieren

Fehler Grundlagen, an der Sinn von was der Fotos Nein Ich kenne entsprechen mit es was Ich kenne versuchtoder wofür sie gehalten wurden.

•   Nach Produktion von der Bild fotografisch. Jawohl Ich kenne Rechnung mit ein Programm von Auflage von Bilder können Sie mit verschiedenen Arten der *Retusche experimentieren.* Von dort aus diskutieren auf den dokumentarischen Wert, die Verbreitung dieser Praktiken in Unterhaltungsmagazinenund Werbung, ethische Erwägungen usw.

Ich kenne Kann benutzen die Kameras als Unterstützung des Wissenschaftliche Beobachtung:

- Aufnehmen von Bildern zu unterschiedlichen Zeitpunkten, die eine Sequenz in der markieren untersuchtes Phänomen, zum Beispiel im Bereich der Biologie, die Keimung von a zweikeimblättrige Samen, das Ausbrüten eines Eies, die Veränderung der Bäume je nach Jahreszeit, Milchgärung usw.

- Erfassung und Schallplatte von Bilder illustrativ, durch Beispiel, während ein Experiment- zu (ein Reaktion Chemie "sichtbar" -Veränderung von Farbe, Produktion von Gas, etc.- ein Titration, Kristallzüchtung usw.).

Dies sind nur einige der möglichen Ansätze. Was andere sich vorstellen? Welche Menschen oder Ressourcen Dokumentarfilme könnten sein konsultiert zum vergrößern der Perspektive und helfen zuentwickeln neue Ideen?

Die Schemata
An der auseinander gerissen früher wir sprechen von Modi von vertreten und wir entwickeln der Fall vonFotografie in Bezug auf den Grad der Ähnlichkeit mit dem, was sie darstellt. Jetzt, wir werden denken über die Bilder in verschiedene Abstraktionsebenen.

Schematisierung besteht aus einer Aktion der fortschreitenden Reduzierung der Komplexitätvon der Phänomene und, gegenseitig, ein Zunahme progressiv von der Information visuell". [44] Visuelle Information ist also eine Abstraktions- und Konzeptualisierungsoperation kristallisiert sich in einem grafischen Schema heraus. Bei dieser Operation werden bestimmte Arten von Informationen gefiltert. Toing von es Real und Ich kenne kodieren von ein Modus Plus Netz und vereinfacht allein der Merkmale die interessiert sind. Die anatomischen Zeichnungen von Leonardo da Vinci sind frühe Beispiele.Uns von der bewussten Unterdrückung bestimmter Merkmale zugunsten der konzeptionellen Klarheit.

71

Karten haben auch dieses Merkmal der Abstraktion.

Es sollte daran erinnert werden, dass diese Art von Bildern seit dem im Unterricht verwendet wird Ursprünge moderner Bildungssysteme. *Umkreist Sensualium Pectus* oder *The Welt empfidlich an Bilder,* der Denker Mähren John Amos Komenius (Hersey Brut,1592 - Amsterdam, 1670) ist das erste illustrierte Buch für Bildungszwecke. In einem Pro-Post betont Johann Heinrich Pestalozzi die Wichtigkeit der Verwendung von Objekten natürlich an der Lehren mit der Ende von erreichen der Wissen von der Sachen durch der Sachen sich. Es akzeptiert jedoch die Verwendung von Blättern oder Modellen, die die Natur ersetzen. ral. Damals wurde angenommen, dass es keinen wesentlichen kognitiven Unterschied zwischen gibt auf Papier gezeichnetes Bild und das visuelle Bild des realen Objekts, da in beide Richtungen es kam mir als Repräsentation in den Sinn. Gegenstände und Bilder als Ersatz bildhaft von der Objekte, erfüllt, damit, ein Papier zentral an der Wachstum von der Fakultäten

geistig, da repräsentiert der Ursprung authentisch von alles Wissen Real. Ohne Embargo, die meisten Verwendungen kürzlich zeigen a Zieländerung:

„Die Bilder blieben im Klassenzimmer involviert. Aber Mama- Meist als informative Unterstützung, 'Zeugnis' der Aufgabe oder Indikator dafürRegeln oder Ereignisse. Das war nicht die Hierarchie, die sie drei Jahrhunderte lang hatten.Seine Mission war eine andere. Ohne eine Theorie , die sie untermauert, bleiben sie soein bedeutet, mittel Assistent zum bieten Daten der Welt zu lernen oder kooperieren an derKlasse Organisation. Das grafische Bild, wie es meistens verwendet wird, Geist, Nein möchten bereits 'der Objekt'was würde dazu führen der Darstellung an der Geistoder der Geist wann der Bedingungen Nein würde erlauben oder sie werden beraten der KontaktDirekte. Das Bild dient nun als Text zur Information,zu unterstützen Informationen anderer Art oder Informationen organisieren […]. Vier. Fünf

Heutzutage,

[...] in der Schule entstehen neue diskursive Formen: Enzyklopädien, Bücher, Zeitschriften und Zeitungen spielen eine wichtige Rolle und tragen dazu bei Neu Bilder von ein Art und ein Wert sehr unterschiedlich zum was charakterisiert zu den Schulräten. Die Schulbehörde, die man so bezeichnen könnte 'dekontextualisierte Realität', wird mit dem Eintrag von 'Realität' und 'der verwässertWissen' über unterstützt Nein geschult anfänglich (Fotos, Filme,und Computerprogramme)". [46]

Andere Art von Gliederung Sie sind der Grafik oder Diagramme was Show Beziehungen was ursprünglich Nein Sie sind Visualisierungen, Andernfalls vorübergehend oder logisch. Ein Beispiel ist der Baum Gen-logisch, ein von der Karten relational Plus alt was wir wissen, wo ein Beziehungwas wir könnten erklären was "ist der Frau von ein Vetter Sekunde von mich Mutter adoptiv"ist schnell zu sehen. Was auch immer die Verbindung ist, das Diagramm wird uns vor Augen führen Augen, was eine verbale Beschreibung mit einer Kette von Aussagen darstellen könnte. In diesem Sinne geht die Schematisierung von abstrakten Elementen (Konzepten, Daten, Prozesse usw.), um die visuellen Informationen zu erzeugen.

An Ausbildung, der Schemata Sie sind Bekannte auch Was *Veranstalter Grafik*. Gibt Werkzeug- während Visualisierungen uns ermöglichen Show Regelmäßigkeiten, Beziehungen, Alternativen von Aktion; ausstellenDaten und Prozesse; Objekte und Orte beschreiben; Beziehungen zwischen Ideen herstellen; zusammenfassen, erleichtern Informationen interpretieren und verstehen. Einige der am häufigsten verwendeten sind: Gemälde synoptisch, Diagramme, Flussdiagramme, Zeitlinien, Concept Maps, Netzwerke usw. Eines davonDas wichtigste Kriterium für die Entscheidung, welche Art von grafischem Organizer verwendet werden soll, ist die Definition derModus von Darstellung an Funktion von der Hausaufgaben kognitiv: Jawohl der Hausaufgaben ist verstehen ein Kausalitätoder Vergleich, der Design visuell sollte einen Beitrag leisten zu Zeig es mit Klarheit.

Es multimedial

Existieren viele Definitionen von Multimedia. Die beendet "Multimedia" Ich kenne benutzt bereits Vor von der Computer. Ich kenne beschäftigt zum beschreiben Produktionen was integriert Projektorenvon Folien, überwacht von Video, Graveure von Audio, Projektoren von Filme, Komm herein

Andere, zum bekommen sicher Auswirkungen durch der Kombination von Bilder und Geräusche. Auch hat gewesen benutzt an Beziehung mit Programme von Ausbildung

73

zu Distanz oder von Lehrenvon Sprachen was inbegriffen unterschiedlich Medien von Übertragung was Radio, Fernsehen, usw. Von dort der Name "Programm Multimedia". Andere Bedeutung der wir finden an der "Pakete mehr-Hälfte" zum der Lehren. Die "Paket" inbegriffen Materialien gedruckt mit Text und Bilder, Bänder von Audio, Videokassetten. Zum diffus der Computer persönlich, beginnt zu miteinander reden von „rechnen Multimedia" Was ein versucht von kombinieren der Medien audiovisuell mit Texte u Fotografien zum schaffen ein Neu bedeutet, mittel an der Bildschirm von der Computer.

Die wichtigsten Merkmale sind: das Vorhandensein von mehr als zwei Medien oder Morph- ologie von Informationen (Texte, Folien, Fotos, Videos, Grafiken, Audio usw.) und die Verbindung, Kombination und Integration dieser Mittel. Das Endergebnis ist es nicht Summe von jedem, aber a völlig neues Produkt.

In diesem Modul erwähnen wir nur den Einsatz von Präsentationserstellern oder Redakteuren. Diese Sie sind Programme Informatiker was vererbt etwas von der Merkmale und Anwendungen was in Anbetracht-vor kurzem Sie hatten der Diashow oder Folien. Von fertig, Ich kenne Verwendet der beendet „rutschen " , an Zeit von Seiten, zum Name zu der Einheiten was bilden ein Präsentation. EIN vonder Vorteile von der Programme von Präsentationen ist was ermöglichen Einfügung an der Diashowunterschiedlich *Objekte* , eine solche Was Texte, Bilder, Grafik, Material klangvoll, Musik und ebenSequenzen filmisch. ZU jeden *Objekt* Sie können sich darauf bewerben, was ist mehr, Auswirkungen von Animation.

Präsentationen sind eine besondere Art von Dokumenten mit eigenen Merkmalen. EIN Präsentationsfolie ist keine Seite eines Buches, in dem Sie schreiben und schreiben. Guetta mit Luxus der Details. Präsentationen werden verwendet, um Informationen über anzuzeigen kurzer und direkter Weg. Dies impliziert eine große Synthesearbeit seitens derjenigen, die ausarbeitet, um nur die notwendigen Daten zusammenzufassen und offenzulegen. Dazu gehört auch Arbeit der Auswahl des Bildmaterials, das die Informationen begleiten wird.

Es ist wichtig, den Kontext zu definieren, in dem die Präsentation gelesen wird. Wird der ehemalige begleitenPosition eines Lautsprechers? Wird es verteilt bzw durch geteilt Internet?

Die Präsentationen Sie können sein von zwei Typen: linear oder interaktiv. Die Erste

Sie sind diejenigen, deren Diashow Ich kenne passieren an ein Befehl einzigartig und voreingestellt von der Erste noch bis derzuletzt. Sie sind benutzt zum begleiten oder ergänzen ein Exposition Oral an ein Themabestimmt. Die interaktiv Sie sind diese an was ist möglich wählen welcher ist der Informationwas Ich kenne will Uhr; der Leser von der Präsentation der er touren durch bedeutet, mittel von Links, als ob wurden durchsuchen an Internet. Von ist Form, jeden Leser kann tun ein Route von lesen eigenes Selbst, von Zustimmung zu ihr Interessen. Durchführen Ost Art von Präsentationen ist möglich Danke zu der Fähigkeit von zu erarbeiten Hyperlinks Komm herein der unterschiedlich Diashow.

Der Vorschlag zur Realisierung eines Multimedia-Projekts (mit Vorschau-Editor)Sitzungen) durch Teil von der Studenten zum lernen an ein bestimmt Inhaltsollte in erster Linie den Vorschlag eines bestimmten Zwecks in Betracht ziehen, in dem die Information erwerben Sinn. Ist sagen, an Zeit von generieren ein *Zusammenstellung illustriert* , der Hausaufgaben soll bewerben für was interpretieren, erklären, anwenden Während exponieren seine Punkt des Anblicks. Dieser Interpretationsprozess erfordert eine Entscheidung, wie die Informationen dargestellt werden sollen (mit Texten, Grafiken, Fotos und Videos, Audio). Beispielsweise können sie Lösungen vorschlagen ein spezifisches Problem, einen Bericht für einen Kongress erstellen oder vor einem Vortrag präsentieren ein Gemeindeverwaltung usw. Als nächstes sollten die Schüler ermutigt werden:

• nehmen Entscheidungen Über der Art von Information notwendig zum Unterstützung der Lösungen

Das haben sie bekommen. Wenn es nur eine richtige Antwort gibt, wenn sie es nicht sein müssen selektiv, der die Übung kann werden an ein die Übung von schneiden und Einfügen. Die Studenten Muss zugreifen zu der Information, transformiere es und übersetze die vier bieten Gründe dafür solide- Sie geben was erhalten der Inhalt und der Organisation von ihr Produkte Multimedia.

• Finden und sammeln Sie die wichtigsten Informationen und interpretieren Sie sie im Medium that Sie benutzen.

• Befehl der Ideen, der Teilen an Themen Plus reduziert zum jeden rutschen; definieren der Beziehung Komm herein sind, seine Organisation und

Reihenfolge; wählen der oben Bilder zum um zu zeigen der Punkt was will Kennzeichen. Ost Prozess trägt bei zu Verständnis unterschiedlich der Thema.

- Analysieren der Formen von ergänzen der Diashow mit der verwenden von Tabellenkalkulationen von Berechnungzum festhalten und veranschaulichen grafisch die gesammelten Daten.

- Führen Sie Komplexität mit nichtlinearen Strukturen (interaktive Präsentationen) einermöglichen verschiedene Lesereisen organisieren.

Die Nutzung von diese Programme Es erlaubt der üben von Techniken von Prüfbericht, Verbreitung Informationen und fortgeschrittene Kommunikation. Sie sind Werkzeuge, die verwendet werden können Dokumente, Kataloge oder multimediale Ausstellungen (mit Fotos, *Collagen,* Videos, MP3-Dateien usw.). Wir sprechen also über den Einsatz von *Systemen mehr körperliche Unterstützung* darstellen, von verschiedene Wege, Wissen.

Hypertext, Hypermedien

Hypertext ist eine computergestützte Struktur zum Organisieren von Informationen, die machen möglich der Verbindung Elektronik von Einheiten textlich zu durch von Verknüpfungen Innerhalb dergleich dokumentieren oder mit Unterlagen extern. [47] Hypermedien möchten der Kombination von Hypertext mit Multimedia. Die Netz hätte, gemäß ist Definition, ein Format hyper me- Tag, obwohl nicht alles, was dort veröffentlicht wird, diese Eigenschaften hat.

ZU wiegen von was der Unterschied Komm herein sind Definitionen ist klar, an der üben, der Begriff- Mein Hypertext wurde mit großer Kraft verallgemeinert, wobei beides undeutlich verwendet wurde Hypertext im engeren Sinne als Multimedia-Hypertext zu bezeichnen – das heißt, Hypermedia – da es praktisch keine Hypertexte mehr gibt, die aus einem einzigen Text bestehen. Anruf.

Einige Eigenschaften:

Nicht jeder digitalisierte Text ist ein Hypertext, da er aus Verknüpfungen zwischen Elementen besteht. Interne oder externe Elemente. Wenn sich der Link um sich selbst wickelt, haben wir a begrenzter oder begrenzter Hypertext (wie CD-ROMs). Wenn es extern ist, haben wir asHorizont der Gesamte Webseite.

- Es gibt unterschiedlich Grad von Linearität an der Hypertexte. Durch ein Seite, viele Hypertextekann noch strenger sein als der traditionelle Text selbst und uns dazu zwingen, ihn zu durchqueren vorbestellte Pfade. Auf der anderen Seite kann der Autor die Pfade erstellen ergänzen oder schließen sich gegenseitig aus und Sie können von einem zum anderen springen, indem Sie die Reihenfolge der auswählen lesen, von Weg eine solche was der Entscheidungen der Leser bestimmen der Wachstum von der Geschichte(an Belletristik) oder die gewählte Sichtweise (bei Sachbüchern).

- Die Nichtlinearität (oder nicht sequentiell) Nein ist ein charakteristisch inhärent der Hypertext Andernfalls ein Wahrscheinlichkeit organisatorisch. Die Hypertext verfügen über der Vorteil von gehen Plus dort von der Linie-Qualität der meisten gedruckten Texte, ohne dass dies bedeutet, dass eine solche Qualität ist wesentlich, noch dass es unmöglich ist, in den gedruckten Texten zu erhalten, wie durch belegt Bücher wie *Hopscotch* von Julio Cordozar (1963) oder Filme wie *Eternal glow of Ein Geist ohne Erinnerungen* (2005, Regie Michel Gundry) *Lauf Lola, lauf* (1998, gerichtet durch Tom Tynker) und *Die Wirkung Schmetterling* (2004, gerichtet durch Erich Messing und J. Mac-Taste Grubber).

- Hypertext ist aus Sicht des Lesers ein elektronisches Dokument, in dem was der Information Ich kenne die Geschenke an Form von ein Netz von Knoten und Verknüpfungen. Wählen Komm herein ein oder andere impliziert immer eine vorherige Berechnung darüber, was wir von den anderen finden können eine Antizipation, die einerseits kognitiv (bezogen auf das Gelesene) und andererseits andere, verfügen über ein Ergebnis Mechaniker, bereits was Ich kenne behandelt von Bewegung der *Maus* und aktivieren Sie ein Zonevom Bildschirm.

- Hypertext ist aus der Sicht des Autors oder Produzenten ein Schriftsystem verzweigt, die einen Ausgangspunkt und verschiedene Wege bietet, um durch sie zu reisen Verknüpfungen. Die Hypertext erfordert der Autor ein Arbeit zusätzlich Respekt von es was machen einAutor traditionell zum Schicken Material zu der Drucken, da der Inhalt -was ist mehr von sein aufgearbeitet stilistisch und rhetorisch- sollte sein organisiert hypertextuell.

dürfen sagen, dann, was der Hypertextualität hat Merkmale was verklagen ein Neu Verständnis der Text was Ich kenne lesen und ein einstellen unterschiedlich von Strategien zum der schreiben- wahr, und durch es so sehr bietet an ein Landschaft von Gelegenheiten zum der Intervention lehrreich.

Nein linear -Tabellarisch

Nichtlinearität ist eine organisatorische Möglichkeit des Hypertexts. Allerdings z Christian Vandendorpe (2003), definieren ein beendet zu verlassen von ein Verweigerung oder Abwesenheit Eigentum ist nicht ganz korrekt. Um den Gegensatz zur Linearität zu beschreiben schlägt den Begriff „Tabellarität" vor, der aus dem französischen *tableau* (Tabelle) stammt und darstellt ein Analogie Komm herein der Weg an was Ich kenne "lesen" ein Rahmen und der lesen von ein Text.

Während sich Linearität auf eine Reihe von Elementen bezieht, die nacheinander geordnet sind wesentlich und wesentlich abhängig von der Reihenfolge der Zeit, Tabularität setzt manifestieren die Möglichkeit des Lesers, „auf visuelle Daten in der Reihenfolge zuzugreifen, in der er wählen, abgrenzen von Eintrag der Abschnitte was Sie sind interessiert".

Mit nur denken an der Tagebücher und Verzeihung gegenwärtig der Information, kann Gib uns Konto-ta von was der Tabellarität ist ziemlich Plus alt von es was häufig Ich kenne glauben. Mitder Aussehen der Täglich und der Drücken Sie von groß Futter, zu verlassen der Jahrhundert XIX, und insbesondere nach dem Erscheinen ganzseitiger Überschriften entzieht sich der Text der Linearität Ursprung des Wortes, um sich in visuellen Blöcken zu präsentieren, die reagieren und auf der Blattoberfläche ergänzt, als wäre es ein "Textmosaik", nach der Metapher von Marshall McLuhan. Das Layout orientiere sich „nicht an der Logik der Rede Andernfalls durch ein Logik Platz." "Die Menge von Säulen, der Schrift- Bild, die Position der Abbildungen, die Farbe, also vergrößern oder verkleinern, auswählen und disunite Einheiten, die in der Zeitung informative Einheiten sind. Das Zusammentragen beten dann Was ein Rhetorik der Platz was umstrukturieren der Befehl der Rede (seine zeitliche Logik), um einen ursprünglichen Diskurs wiederherzustellen, der genau das ist Rede der Täglich".

In unserer Zeit entspricht die Tabularität zweifellos einer Forderung von Organisation von der Texte von Art informativ, von Weg von ermöglichen ein angemessen-toing damit Wirksam Was sein möglich. Zweifellos, seine Funktion primär ist zurückhaltender Leser, dessen Aufmerksamkeit im Gegensatz zu der einer Organisation instabil oder vorübergehend ist lineare Organisation, die sich an einen „Hintergrundleser" richtet. Aber es ist auch sehr bequem für die Übermittlung vielfältiger Informationen, die je nach ausgewählt werden könnender Interessen.

Unter diesem Gesichtspunkt hängt der gedruckte Text nicht mehr ausschließlich von der lineare Ordnung, sondern integriert tendenziell einige Merkmale eines Gemäldes vom Auge des Lesers auf der Suche nach bedeutsamen Elementen geschweift. Somit kann dies Verlassen Sie den Textthread, um direkt zum entsprechenden Artikel zu gelangen. Daher eins Baustelle ist Anruf tabellarisch wann Es erlaubt der Einsatz an der Platz und der Manifestationgleichzeitig von verschiedene Elemente was kann dienen von Hilfe zum Leser zum identifizieren ihr Gelenke und finden es Plus schnell möglich der Informationen was Sie sie interessieren

Nach Vandendorpe, der Vorstellung von tabellarisch, was ist mehr von vertreten ein Modus inter- nicht der Datendisposition, sondern bezieht sich auf zwei Realitäten: die „funktionale Tabularität", ausgedrückt durch die Zusammenfassungen, die Indexe, die Gliederung in Kapitel und Absätze (mittels organisatorische Ordnung, die den Zugang zum Inhalt des Textes erleichtern); die „Tabellaritätsvi- Siegel", das es dem Leser ermöglicht, vom Lesen des Haupttextes zu den Anmerkungen zu gelangen, Glossen, Abbildungen, Illustrationen, alles im doppelten Bereich der Seite vorhanden. Diese Ta- Klarheit ist in Zeitungen und Zeitschriften vorhanden, hoch entwickelt auf dem Bildschirm (Seiten Internet oder CD-ROM). Um dieser Art von Tabellenform zu entsprechen, wird der Text wie folgt bearbeitetein Material visuell.
Kompetenzen Basic: lernen zu kommunizieren und zu zusammenarbeiten

Ich kenne verweist zum einstellen von Strategien zum kann kommunizieren mit Andere zu durch von Geräte.

In der Lage sein, über die spezifische Sprache der Disziplin zu kommunizieren.

Verwenden Sie verschiedene Kommunikationsmittel.

• Sei fähig von lernen an Form Kooperative und Kollaborativ, es was erfordert Lehren System- Mastix und streng, Gut Nein Ich kenne geben spontan. Ist wichtig erreichen der Gemeinschaftlichkeit vonZiele, Reziprozität in Beziehungen, Interdependenz, auch angesichts der AsymmetrieWissen. Ich kenne behandelt von ein Arbeit dauerhaft mit Andere Bildung Netzwerke von Wissen.

Von Aufnahme, Schlaganfälle, Schlüssel, Gelegenheiten und Projekte
Denken der TIC Was Politik von Aufnahme, widerspiegeln an der Schläge der Welt Strom,lesen der Schlüssel zum der Integration von der Neu Technologien an der Klassenzimmer und uns machen NeuFragen und Aufbau von Positionen sind Teil des Zwecks dieses Moduls. Noch bis Jetzt haben wir die verschiedenen Themen genommen und versucht, Dimensionen, Perspektiven,Interpretationen. Wir streben danach, über das Neue und den Wandel nachzudenken; Linien verfolgen Kontinuität und Bruch. Die „Möglichkeiten zur Generierung von Aneignungsszenarien signifikante IKT", die wir im folgenden Abschnitt vorstellen, vervollständigen ein Pro- setzen von Integration von der Neu Technologien was betrachten und ermutigt der lesen vondie Komplexität der Welt, die kulturelle, soziale und politische Dichte des Themas und die Kontexte Aktion Besonderheiten.

Wissen, was andere gedacht und recherchiert haben, mit den Autoren diskutieren, bewusst sein von es was das passiert -und, zu der Zeit, sein bewusst von was es wir machen zu durch von der sehen von die anderen und die Geschichte, die sie zusammengetragen haben –, Ideen und Meinungen mit unseren Kollegen austauschen, Studenten, Freunde usw. hilft uns, Positionen zu entwickeln – persönliche, theoretische, methodisch – und mögliche Zukünfte visualisieren. Wir verstehen auch, dass die WahrnehmungenTöne der Gegenwart verändern sich, wenn wir in die Zukunft blicken und Szenarien *projizieren* die Kräfte zu verstehen, die im Spiel sind. Auf diese Weise werden diese *Besuche der Zukunft* setzen ein absichtliches Lesen des Kontextes voraus, eine Konstruktion des Problems und einen Interventionsvorschlag. Sie beinhalten kritische und *kreative* Themen (Giordano, 2002), fähig von interpretieren und produzieren etwas Neu, Verständnis es "Neu" Was das wasführt Komponenten ein, die vorher nicht existierten, aber auch als das, was modifiziert und reorganisieren, was vorhanden ist.

Im weiteren Sinne stellt das *Projekt* einen zentralen Aspekt im Prozess dar Konstitution des Subjekts, dh die Fähigkeit, ein *Lebensprojekt zu definieren.* Lehren es ist auch teil eines lebensprojekts und wiederum die schulinstitution - unter andere– ist Unterstützung und Wegweiser für das Lebensprojekt der neuen Generationen. Moreira-Gebiet (2001) sagt: „Unsere aktuelle Zeit ist die des Bewusstseins, dass die Zukunft in der Verantwortung liegtFähigkeit von der wir bewohnen der Gegenwärtig". An Ost Rahmen von obwohl, der Entscheidungen was wir nehmen Sie sind für immer Entscheidungen Ethik. UND der Entscheidungen Ethik Sie sind Komplex, Gutsie beinhalten nicht nur Fragen von Gut und Böse. Sie nehmen eine *Integration* von drei an Dimensionen: die *Rationalität* der Ziele – bildungspolitische, politische –, der Lehrplan und die Pflanzungen; Sensibilität gegenüber Menschen, was sie denken, fühlen , ihr wünscht sich, ihr braucht, ihr Vorlieben, seine Täuschung, seine Entmutigung, ihr Aspirationen;der Perspektive das beinhaltet die *Kontext* und zu *langfristig* .

Aus all diesem Material ergeben sich klare Richtlinien, um Vorschläge zu generieren Unterrichten mit IKT-Komponenten. Diese sind als gemeinsamer Rahmen offen konzipiertunvollendet und das *wird* spezifiziert, wenn es mit den Lehrern ausgearbeitet wird, in der Schulen.

Wie wir während des gesamten Moduls vorgeschlagen haben, für die Integration von IKT in die Arbeit Schule Ergebnis notwendig widerspiegeln an der Beziehung Komm herein Technologie, Menschen und Wissen von ein Perspektive Komplex was integrieren es gnoseologische, es Gemeinschaft National, es psychologisch, es Sozial und es didaktisch. An der gegenwärtig, der Modi von zugreifenzu der Information und zum Wissen Sie sind mehrere und abwechslungsreich. Die Schule, dann, verfügen über wichtige Rolle bei der Vermittlung systematischer Prozesse des Entdeckens, Auswählens, Bildung, Organisation, Verständnis und Kommunikation. Daher ist die Arbeit mit IKT in der Schule sollte Punkt Plus was zum Domain rein instrumental von der

81

Technologie, zu seine Verwendung auf kreative und kritische Weise in Umgebungen der Reflexion, Debatte und des Lernensbedeutend.

Von auf diese Weise, die Pädagogische Integration von ICT bedeutet, sie zu konzipieren:

Als Unterrichtsmaterial und auch als Studie- und Reflexionsgegenstand, als Mittel der Ausdruck und Produktion sowie Wissensmanagementmodus, je nach Zielsetzung pädagogisch

Als Teil eines transversalen Projekts, geleitet von Lehrzwecken und Verständnis geben der Chance von zu verfolgen endet kulturell, Sozial und Politiker: Gebäude vonIdentitäten, Sichtbarkeit, Kommunikation, Schulung und Bürgerbeteiligung.

Als Bestandteile von Lernumgebungen, Reflexion, Verstehen und Kommunikation , kombinierbar mit anderen Ressourcen, in den verschiedenen Fächern des Lehrplans.

Die Pädagogische Integration von IKT ist Macht:

Wechseln Instanzen Individuell und Gruppe von Arbeit zu durch von dynamisch Kollaborativ.

Punkt zu der Autonomie der Schüler, geführt durch der Lehrer, und zum Wachstum von wetteifern- für die Teilhabe am öffentlichen Leben: Lernen lernen, Informationen verwalten und kommunizieren.

Verwalten Ressourcen, Räume und Zeit von Modus flexibel und teilnehmen zu der Komplexitätder Kontext und von Inhalte zu unterrichten.

Gestalten Sie die Interaktion zwischen Schülern im Klassenraum und in das Virtuelle.

Handhaben der Diversität von Hausarbeiten an Gleichzeitigkeit und der gemeinsam von Instanzen Vor-unentbehrlich und online.

Integrieren Sie Fragen zur sozialen und kulturellen Dynamik der Medien Kommunikation und von der TIC, Damit Was diese verbunden mit der Beiträge und Inhalt-zwei die dort produziert werden, teilen und sie zirkulieren.

Dialog mit der Verbrauch kulturell Jugendliche und nehmen Sie sie was Punkt von Abfahrt zumder Reflexion u Bau von neuen wissen und Produktionen.

Aufgrund all dessen werden IKT in Kontexten komplexer Aneignung gedacht, in diejenigen, bei denen der Einsatz von Technologie kein Selbstzweck ist, sondern auf die er reagiert Ziele pädagogisch und Zwecke von der Lehren. Wir werden überlegen was der verwenden ist "Okay- wenn es gelingt, die Möglichkeiten des Werkzeugs sinnvoll zu integrierenund die Bedürfnisse, die sie befriedigen soll, und wann das Ergebnis des Integrationsprozesses istZinn hätte ohne die Arbeit mit dieser Technologie nicht erreicht werden können. Die Einarbeitung von IKT zielt aus dieser Perspektive darauf ab, die Nutzung mit einem pädagogischen, sozialen und kulturell, um die Lehrangebote aufzuwerten und den Studierenden zu bieten, Neu Gelegenheiten zum Erkenntnisse bedeutend und relevant.

Arbeiten nach diesen Richtlinien setzt also einerseits voraus, die zu kennen neue Sprachen, Annäherung an "neue Kulturen", Unterrichtsstrategien überdenken, Design Vorschläge Didaktik, Versuchen verkürzen der Lücken Generationen und berücksichtigen dersubjektive Affektiertheit, die bei der Aneignung medialer Diskurse und pädagogischerlogisch UND, durch andere, erfordert der Beteiligung und der Arbeit Kollaborativ von der Ausrüstunginstitutionell, und der Stärkung der Rolle und der Behörde der Lehrer an der Prozesse vonKonstruktion von Wissen über IKT und mit

Nachfolgend stellen wir Möglichkeiten für die Organisation und die Suche nach dem vor Informationen und zur Kommunikation mit digitalen Concept Maps, Webquests u Blog. In jedem Abschnitt werden wir nach der Beschreibung dieser IKT die Beiträge identifizieren pädagogisch was bieten zum Arbeit Schule und der Bedarf von Verwaltung durch Teil derLehrer.

Möglichkeiten zum Organisieren von Informationen bis hin zu konzeptionellen digitalen Karten

Die Organisation von der Information ist ein Teil wichtig an alles Prozess von Gebäude vonWissen. Die Aktualisierung, Fragmentierung und Unsichtbarkeit der zirkulierenden Inhaltean der Medien audiovisuell und Digital von Kommunikation tun was der Auswahl, klassifizieren-Zinn, Kategorisierung und Hierarchie von Daten Ich kenne

83

Komm zurück Hausarbeiten zentral an der Prozesse von Verständnis. Die Planung von irgendein Suche von Information erfordert Zeitplan der Profi-Transfer, identifizieren Wissen früher an der Thema, Einrichten Achsen an der was Ich kenne zielt darauf ab vergrößern es was Ich kenne bekannt oder synthetisieren und integrieren der Ergebnisse zu es was bereits Ich kenne wusste.

EIN Form von entwickeln der Fähigkeiten verknüpft mit der Organisation von der informieren-nung ist zu verlassen von der Nutzung von Veranstalter Grafik. Die Diagramme, Karten oder Netzwerke konzeptionell, Bretter, Linien von Wetter, Zeitpläne, und Diagramme von fließen ermöglichen reifer-ordnen Sie die Informationen visuell an und erfassen Sie Ideen und Konzepte grafisch. Auch sie helfen, einen komplexen gedanken zu entwickeln und zu reflektieren und zu kommunizieren. Die verschiedenen digitalen Tools ermöglichen es den Schülern, ihr Wissen zu organisieren und neue Konzepte in bereits gelernte integrieren, vorläufige Schemata vorschlagen von Inhalte, Texte synthetisieren, Probleme aufwerfen in komplexer Form.

Die Auswahl von Grafik-Organizern für die Schularbeit erfordert eine Identifizierung sowohl die Ziele des pädagogischen Vorschlags als auch die Besonderheiten jedes Instruments. Lüge. Wenn Sie zum Beispiel möchten, dass Schüler bestimmte Orte finden Veranstaltungen Innerhalb von ein Zeitraum von Wetter bestimmt zum was visualisieren und verstehen der Beziehung vorübergehend Komm herein Sie, der Veranstalter Grafik Plus geeignet ist ein Linie von Zeit-po. Durch andere Teil, Jawohl es was Ich kenne Suche ist was der Studenten verstehen der Beziehung Komm herein Konzepte, am relevantesten ist eine Concept Map.

Karte konzeptionell Digital: Synthese von der Werkzeug
Eine konzeptionelle Karte ist ein Modell der grafischen Darstellung von Wissen. Seine Konstruktion setzt eine intellektuelle Aktivität voraus und ermöglicht es dem Schüler, dies zu visualisieren Ausbildung was bereits hat erworben und es wusste was enthält, und, von ist Form, organisieren der Gedanken zum besseren Verständnis.

dürfen gebaut sein mit Bleistift und Papier. Ohne Embargo, etwas Programme spezifisch von weich-ware ermöglichen es Ihnen, Ihr Potenzial zu erweitern. Die

Nutzung dieser digitalen Werkzeuge vereinfacht und beschleunigt die Handhabung, Speicherung, den Abruf und den multimedialen Zugriff auf die Inhalt. In diesem Sinne einer der Hauptvorteile der Arbeit mit herkömmlichen Karten konzeptionell an Computer ist was der Konzepte und der Beziehungen Sie können modifiziert sein Plus einfacher als im Papierformat, während die verschiedenen Versionen dessen, was gewesen istproduziert Sie können sein archiviert und erholt wann der Hausaufgaben es benötigen. Durch andere Paartee, das digitale Medium erlaubt es, das visuelle Potential der konzeptionellen Landkarte durch Aufnahme zu erweitern die Einbindung von Icons, statischen oder animierten Zeichnungen (gif). Aus diesen MöglichkeitenMittel, dann, der Umsetzung von Redewendungen, der Revision, der umschreiben, der Beratung und Vergleich früherer Produktionen oder Reflexion über Prozesse und Veränderungen geben Sie werden zu häufigen Slogans der Integration von IKT ein Klassenzimmer.

Die Werkzeuge Digital ermöglichen, durch andere Teil, aufbauen Karten konzeptionell mit auf der- ces oder Hyperlinks zu Andere Ressourcen (Fotos, Bilder, Grafik, Videos, Texte, Seiten Netz,Geräusche, andere Karten Konzepte usw.) zu erweitern Sie die Erklärung der Inhalt

Oder suchen Sie nach verwandten Informationen. Auch da können Karten gespeichert werden auf einem Internet- oder Intranet-Server können sie gemeinsam bearbeitet werden Distanz.

Die Komplexifizierung von Themen oder Probleme; der Suche von Information Verlängerung anein interessantes Thema; Reflexion darüber, was relevant und was zweitrangig ist; die Gestaltung und Auswertung Zinn von Navigationsstrukturen; Reflexion über die kulturellen Konventionen von Darstellung; die Organisation der Arbeit in sich ergänzenden Arbeitsgruppen und die Kommunikation von es produziert Sie sind Andere von der Hausarbeiten zu der was trägt bei der Arbeit mit dieseVeranstalter Grafiken in digitaler Form.

Pädagogische Beiträge der Arbeit mit Begriffslandkarten inFormat Digital
Gefälligkeiten der Arbeit mit unterstützt Multimedia.

85

Bietet an ein Modus zum der Externalisierung der Gedanke und der Wissen konstruiert.

Wird besser der Fähigkeiten von Verständnis von Texte, von Organisation (Klassifizierung, Katze-Ionisation und Beziehung) von der Information und von Darstellung der Wissen an Formhypertextuell und Multimedia.

Erleichtert der Kommunikation, der Austausch von Information und der Verhandlung von bedeuten-zwei zu verlassen von der Gebäude von Modelle Grafik von Darstellung und, von Ost Modus, derEntwicklung eines gemeinsamen Verständnisses.

Ermöglicht der Arbeit Kollaborativ und der Gebäude Kollektiv von Wissen.

Gefälligkeiten Prozesse von Reflexion an der eigen Prozesse von Lernen.

Entwicklung von der Werkzeug
Die Elemente, aus denen eine digitale Concept Map besteht, sind:

Konzepte: Abstraktion der Merkmale, die ein Objekt oder Ereignis definieren. Ich kenne grafisch in Ellipsen, Kreisen oder Rechtecken dargestellt.

Anschlüsse oder *Wörter von Verknüpfung:* Ich kenne Sie benutzen zum Verknüpfung der Konzepte und zum angeben derArt der Beziehung zwischen ihnen. „Es ist ein", „sie zeichnen sich aus", „es kommt darauf an of", „produce" usw. sind Beispiele für Konnektoren. Diese stehen auf oder neben dem Linie, die die Konzepte verbindet (Verbindungslinie).

Sätze: zwei oder mehr konzeptionelle Begriffe, die durch Verknüpfungswörter miteinander verbunden sind bilden eine semantische Einheit. „Die Stadt hat ein Industriegebiet" oder „Der Mensch braucht Sauerstoff" sind Beispiele für Sätze.

Multimedia- und Hypertext-Ressourcen: Fotos, Videos, Sounds, Links zu Seiten Webseite usw.

Gemäß den pädagogischen Zielen gibt es mehrere Strategien, um Schüler anzuleiten.Studierende beim Bau von Concept Maps. Ausgangspunkt kann sein:

Pose ein *Frage von Fokus* was Direkte der Arbeit zu ein Ziel. Die Fragen,Plus was der Themen, abgrenzen der Inhalt und Fokus der Auflösung von der Aktivitäten Vorschläge- Sie. Gibt Fragen Sie können sein erstellt so sehr durch der Lehrer was durch der Studenten?

Wählen Sie die Konzepte aus, die der Lehrer möchte, dass die Schüler sie in ihr Konzept aufnehmen Karten und liste sie auf. Der Aspekt, der die größte Herausforderung und Schwierigkeit bei der Konstruktion darstellt Eine Dose von Concept Maps ist die Ausarbeitung von Aussagen. Das heißt, bestimmen welche verbindenden Wörter die Beziehung zwischen Konzepten klar beschreiben. Deswegen,liefern zu der Studenten ein bereit von Konzepte Nein Sie Löschen Schwierigkeit zu der Gebäudeder Karte und erlaubt dem Lehrer zu erkennen, welche Konzepte der Schüler nicht integriert korrekt.

Fertigstellen der Struktur von ein Karte vorgefertigt Zum Themen Komplex, Ich kenne kann wählenum den Schülern eine Teilkarte zu geben, basierend auf einer "Experten"-Karte, entnommen aus der Literaturverzeichnis oder vollendet durch der Lehrer. Dort der Slogan kann sein es ausweiten mit KonzeptionHusten und spezifischere Beziehungen. In diesem Fall fungiert die anfängliche Karte als "Auslöser". und Gerüst zum der Studenten. Auch, der Slogan kann sein vergrößern ein Konzept zudurch eine „Unterkarte" (eine Karte, die die Details der beteiligten Beziehungen vergrößertein kompliziertes Konzept).

Dann, der Studenten Sie werden es müssen:

Gruppieren Sie die Konzepte, deren Beziehung eng ist.

Ordnen Sie sie von den abstraktesten und allgemeinsten bis zu den konkretesten und spezifischsten.

Stellen Sie sie dar und platzieren Sie sie auf dem Diagramm.

Verbinde sie.

Suchen, zur Auswahl Ressourcen Multimedia und Hyperlinks -von Zustimmung mit seine bedeuten-Aktivität und Relevanz–, lokalisieren Sie sie und füge sie gegebenenfalls hinzu.

87

Rausfinden der Karte, prüfen der Beziehungen, sich kümmern um was Nein Ich kenne verfügen über wiederholt oder Super-Konzepte setzen.

• Reflektieren an der Karte. Richtig, vergrößern, aufschieben, Veränderung, wieder aufbauen, reorganisieren,zuvor ungesehene Beziehungen herstellen usw.

Der Vorteil der Verwendung eines Computers zur Erstellung dieser Karten besteht darin, dass dies möglich ist Es ermöglicht Ihnen, Elemente oder Beziehungen einfach hinzuzufügen oder zu entfernen, ihre Position zu ändern sowie wie das Hinzufügen von Bildern oder anderen Multimedia-Ressourcen, die zur Verdeutlichung beitragen Darstellung eines Themas. Mit anderen Worten, es beschleunigt die Vorbereitung, den Verfeinerungsprozess, Umbau und Erweiterung. Es ist auch einfach zu verbinden und einzurichten Querbeziehungen zwischen den Karten. Außerdem können sie als „gespeichert" werden Bilder und sein wiederverwendet an Andere Arbeitsplätze, was Monographien oder Präsentationen. Dadaistdie Möglichkeit, auf einem Server gehostet zu werden, können sie auch aus der Ferne aufbauen und an kooperieren und sie weitergeben öffentlich wissen.

Wie bereits erwähnt, sind Konzeptkarten grafische Organisatoren, die das bevorzugen Verständnis, veranschaulichen grafisch der Beziehungen Komm herein Konzepte und Sie helfen an der lernen-neue Informationen durch klare Darstellung der Integration jeder neuen Idee in ein vorhandener Wissenspool.

Sie sind Werkzeuge zum der Extraktion der Bedeutung von Texte und an der Arbeit von Labor undBereich. Die Organisation von Konzeptkarten ermöglicht eine einfache Überprüfung der Informationen präsentiert, da sie helfen, Schlüsselkonzepte und Beziehungen zu identifizieren. Zum der Gebäude von ein Karte konzeptionell, Notwendig der Studenten Sie werden haben wasarbeiten an der Information, zum entscheiden Jawohl ist relevant oder Nein zum der Wachstumeines Themas. Mit oder ohne Hilfe des Lehrers können sie erkennen, welchen Teil des Themas sie bearbeiten sollen vertiefen, überprüfen oder überdenken.

Es ist wichtig, im Auge zu behalten, dass die Verwendung von Concept Maps in

Informationssystemen Hypertext mich Multimedia erfordert Lehren zu Design der Hypertext, zu beruhigen der navigieren-ton und den Lesepfad der Karte, das heißt, das Wissen um diese darzustellen Modus.

Die Karten Sie können sein durchdacht, auch, durch der Lehrer zum gegenwärtig der Thema zu der Studenten. Eben, Dadaist seine Fähigkeit von enthalten Hyperlinks, Sie können Angebot Kartendigitale Konzepte als Navigations- und Suchformat für Studierende Information. Sie werden auch verwendet, um den Lehrplan zu planen, den auszuwählen wesentliche Inhalte und die Bestimmung, welche Wege beschritten werden, um die wesentlichen Inhalte zu organisieren gefallen. Ich kenne kann aufbauen ein Karte global an was erscheinen der Ideen Plus wichtig die während des Kurses berücksichtigt werden, um dann zu spezifischeren überzugehen was Gruppe Themen oder Blöcke von Inhalt und, endlich, zum Karte detailliert von der Klasse.Dies wird den Schülern helfen, die verschiedenen Ebenen von auf koordinierte Weise in Beziehung zu setzenzu arbeiten und die Details in den Rahmen globaler Beziehungen einzupassen.

Anforderungen von Verwaltung durch Teil der Lehrer
Definieren Sie, zu welchem Zeitpunkt im Projekt und für welchen pädagogischen Zweck die Ressourcen eingesetzt werden. Conceptual Maps (untersuchen Sie frühere Ideen oder Vorstellungen, stellen Sie ein Thema oder Projekt vor, Beziehungen zwischen Disziplinen vorschlagen, gegebene Informationen klassifizieren und kategorisieren, durchführen ein endgültige Synthese, bewerten Sie die Verständnis für ein Thema etc.).

Schaffen Sie Reflexions- und Sensibilisierungsräume für die Studierenden bezüglich der Ko- Bewusstsein, Verwendung, Bedeutung und Möglichkeit, digitale Karten im Projekt zu verwenden (Überlegen und diskutieren Sie Ähnlichkeiten, Unterschiede oder komplementäre Verwendungen zwischen den Werkzeug zu arbeiten und Andere Bekannte, etc.). Ist sagen, was ist mehr von wissen Verzeihung aufbauenEine Karte ist wichtig, damit die Schüler lernen, Entscheidungen darüber zu treffen, wann Verwenden Sie sie und beurteilen Sie, ob die Conceptual Map das am besten geeignete Verfahren dafür ist bekommen der vorgeschlagenes Ziel und lösen Aktivität geplant.

Wählen der Punkt von Abfahrt zum der Gebäude von der Karten (ein Frage von Fokus,ein Karte teilweise, ein bereit von Konzepte, etc.) Dann, explizit machen der Ziel Allgemeines, zum Arbeit an den Inhalten und Schlüsselkonzepten. Nutzen Sie das Tool um sich nähern komplexe Probleme aus einer Vielzahl von Interessenten.

Voraussehen Momente zum lernen zu handhaben der Werkzeug an wachsend Grad von kom-Nachsicht. Fördern Sie eine flexible und effiziente Zeitnutzung. Berücksichtigen Sie die Fristen Produktion arbeiten, sowohl einzeln als auch in Gruppen.

Besänftigen was der Studenten selbst regulieren und Kontrolle seine eigenes Selbst Prozess von Lehrling-he, bezüglich der Wissen erhalten mit Schemata kognitiv früher.

Ermutigen Sie die Bildung von Lerngemeinschaften in einem Klima des Vertrauens und Zusammenarbeit. Fördern Sie die Möglichkeit, Informationen auszutauschen und Ideen zu äußern um Lehr- und Lernprozesse zu verbessern. Erwägen Sie die Möglichkeiten, eine Dynamik der Zusammenarbeit mit Professoren von zu erzeugen verschiedene Fächer.

Sorgen Sie für die Suche und Organisation von Multimedia-Ressourcen, insbesondere aufgrund der Möglichkeit, die Concept Map im Hypertext-Format zu bearbeiten. Lehren Sie zu analysieren und bewerten Sie die Relevanz der ausgewählten Konzepte, der hergestellten Beziehungen zwischen ihnen und den verwendeten Ressourcen.

Planen Sie das Archiv der Karten und schlagen Sie Dynamiken für ihre Registrierung und Anreicherung vor. Ich lüge während der gesamten Entwicklung eines Projekts.

Erwägen Sie die Verwendung dieser Schemata, um den Prozess zu überwachen und zu bewerten Schüler lernen.

Unterschiede mit Andere Werkzeuge zum der Organisationvon der Information Die Karten konzeptionell Digital Sie können verwendet werden zum der Auflösung von Probleme,der Gliederung von Punkte wichtig zu sich nähern und der Hierarchie von der Schritteund Zusammenhänge. Auch, Sie können sein benutzt durch der Studenten zum sich nähern zuder Verständnis von ein

Thema oder problematisch pünktlich, oder Gut zum synthetisieren der Thema-behandelte Fälle, um eine Untersuchung zu konzipieren, um das Schreiben einer Arbeit vorzuschlagen Monographie usw. Timelines, im Gegensatz zu Karten, lokalisieren grafisch die vorübergehende Situation eines Ereignisses oder Prozesses, die die Abfolge von beweist Veranstaltungen und der Gleichzeitigkeit mit Andere Veranstaltungen der Moment, was eben Sie könnenkonditionieren sich gegenseitig.

EIN von der Unterschiede ursprünglich was tun zum Arbeit mit Karten konzeptionell an Real-Tonne mit Andere Werkzeuge zum der Organisation von der Information ist der von einzuarbeiten derKonzept von Netzwerke hierarchisch von Bedeutung. Wann wir sprechen von Karten konzeptionell,uns wir verweisen zu Strategien von Organisation von Information, von Konzepte und, auch, von ihre Beziehungen.

Angesichts dieser Eigenschaften können Concept Maps ergänzen und integrieren Ich kenne zu ein Vorschlag Plus breit was enthalten Andere TIC, Was Webquests oder sucht der Schatz, das sind Strategien zur strukturierten Suche nach Informationen.

Möglichkeiten für die Recherche bis hin zu Webquests

Was Ich kenne Ha Sprichwort an der Wachstum von der Sekunde Schlüssel: "Die Volumen von der Information",ein von der hauptsächlich Möglichkeiten von der Technologien Digital ist der betreten zu informieren-Tonne vielfältig von der Plus abwechslungsreich Quellen. Von dort was ein Achse zentral von der Ausbildung an TIC sein entwickeln an der Studenten der Fähigkeiten notwendig zum was ausführen sucht

Sachlich, reflexiv und kritisch je nach Bedarf oder pädagogischen Zielen, also auftretende soziale oder kulturelle Probleme.

Web-Quests und Schnitzeljagden sind nützliche Tools, um Schüler anzuleiten. Studierende in den Prozessen des Suchens, Auswählens und Analysierens von Informationen und in der Nutzung davon, für die Lösung von Problemen oder Arbeitsparolen.

Die pädagogische Einbindung dieser Ressourcen erfordert von den Lehrkräften

Kürzungen frei von dem zu behandelnden Thema; Fragen und Ziele entsprechend dem Umfang des Projekts formulieren, die studentische Möglichkeiten und verfügbare Quellen; eine Sondierungsarbeit leisten Zinr. und Auswahl relevanter Informationsquellen und strukturieren das Tool darin eine Reihe von Schritten, die die von den verschiedenen Arbeitsteams auszuführenden Aufgaben organisieren. Unter. Für die Präsentation dieser Aktivitäten können Textverarbeitungsprogramme verwendet werden, Software spezifisch oder Vorlagen *online*. Die Quellen von Information zu Konsultieren Sie können auf dem in der Schule installierten Intranet, auf verschiedenen CDs, digitalen Enzyklopädien, solche und/oder Websites. Es kann auch als nicht digitalisierte Information betrachtet werden, geschrieben, audiovisuell, und Ton und Sprache.

Die Suche und Auswahl von Information und der Reflexion geführt zu durch von sind Werkzeug-Dies sind wertvolle erste Erfahrungen, die es den Schülern ermöglichen, nach und nach zu gelangen zunehmend höhere Grade an Autonomie und Selbstregulierung in ihren Prozessen Interaktion mit Informationen.

Webquest: Synthese von der Werkzeug

"Webquest" bedeutet Anfrage und Recherche über das Web und besteht aus a Vorschlag, der das Lernen durch geführte Entdeckung und den Ansatz von a bevorzugtThema aus problematisierender Perspektive. Es ist ein Werkzeug, das es dem Lehrer ermöglicht, den Schülern sehr spezifische und präzise Richtlinien zu geben, die sie ausführen sollen ein verschiedene Informationsquellen durchsuchen.

Häufig wird eine Frage gestellt, die auf eine Situation oder ein Szenario anspielt erfordert, aus unterschiedlichen Positionen, Interessen oder Perspektiven analysiert zu werden als komplexes Phänomen verstanden. In diesem Sinne gibt es die Möglichkeit zu können in Querschnittsprojekten eingesetzt werden. Das Tool bietet Möglichkeiten für die Schülerinnen und Schüler erkennen, simulieren und erleben Charaktere, Konflikte, Rollen, Spannungen, Änderungen oder bestehende Widersprüche in den angesprochenen Situationen.

Die Webquest schlägt eine Dynamik vor, die auf kollaboratives Arbeiten abzielt.

Die Gruppen ausführen Hausarbeiten differenziert aber was konvergieren an der Leistung von ein Ziel gemeinsam. Die in-Datierungen Sie können fördern von Slogans was Punkt zu der Zusammenstellung oder Analyse von Information, Auflösung von Rätsel, Ausgabe von Klagen, Gebäude von Konsens oder Produktion. Die Schüler werden in Gruppen eingeteilt, die auf die verschiedenen Quellen zugreifen, die die Lehrer hat vorgeschlagen und auswählen der Information relevant an Base zu der Hausarbeiten was Ich kenne sie wurden vorgestellt.

Die Suche von Information an Internet, Intranet, CD oder Andere Quellen ist ein Komponente zentral der Webquest als Unterrichtsvorschlag. Allerdings sein Potenzial Logik liegt in der Möglichkeit, Prozesse zu vermitteln, die Informationen transformieren im Wissen. Das heißt, bei der Motorisierung einer Reihe von Aktionen wie dem Identifizieren Information relevant zu der Ziele was Ich kenne Muss einhalten und organisiere es; diskriminieren

Art der Daten; Informationen produzierende Agenturen erkennen; Positionierung bewerten Husten oder Interessen des von den Quellen präsentierten Materials; Schlussfolgerungen ziehen über die Ärger was Ich kenne zielt darauf ab verstehen und aufbauen gemeinsam ein Produkt Ende was Demonstrieren Sie eine mögliche Lösung und nehmen Sie die Positionen der Schüler ein.

Die Besonderheit, die dieses Werkzeug für den Lehrer hat, ist, dass es ihn durchlässt eines einfachen und attraktiven Projekts, erstellen Sie Ihre eigenen digitalen Unterrichtsmaterialien angepasst zu seine Gruppe von Studenten und seine Kontext besonders. Ist wichtig verfügen über an Rechnung dass der Informationsfluss, der zirkuliert, eine gewisse Aktualisierung der Quellen erfordert identifizierte Parteien, die Überprüfung ihres Inhalts und die Erneuerung der Slogans, die Sie tragen Zum Klassenzimmer.

Beiträge pädagogisch der Arbeit mit Webquests
Gefälligkeiten der Arbeit mit unterstützt Multimedia.

Glücksverheißend der betreten zu Quellen von Information abwechslungsreich und vielfältig.

Entwickeln Fähigkeiten von Forschung, Suche, Auswahl, Auswertung und Hierarchie-Zinn von Informationen um herum Ziele zuvor etabliert.

Form Fähigkeiten zum der lesen hypertextuell und der Verständnis von Texte.

Fördert den angemessenen und ethischen Umgang mit Informationen zur Erfüllung von Zielen Beziehungen, die Befriedigung von Bedürfnissen und die Lösung von aufgeworfenen Problemen Perspektiven Komplex und Entscheidungsfindung.

Anreize setzen der Wachstum von Fähigkeiten von Lernen autonom und Kollaborativ.

Es begünstigt kritisches und kreatives Denken über Informationen und die Fähigkeit dazu „Hyperlesen".

Ermutigt der Wachstum von Fähigkeiten metakognitiv und von Auswertung von Prozesse.

Entwicklung von der Werkzeug

Wie wir in den vorherigen Abschnitten zum Ausdruck gebracht haben, ist die Webquest ein Tool, das von entwickelt wurde der Lehrer, der IKT und kollaboratives Lernen durch Nachfragen integriert geleitet von verschiedenen Informationsquellen, die oft im Web gehostet werden. Es vor-Es wird in einem digitalen Format präsentiert und ist in klar festgelegte Teile gegliedert was eingegeben wird von aus einem Navigationsbaum:

Einführung

Hausaufgaben

Verfahren

Auswertung

Fazit

Wenn ein Lehrer eine Webquest entwickelt und sie mit anderen Kollegen teilt, können sie teilnehmen enthalten ein auseinander gerissen, "Buchseite der Professor". Dort Ich kenne erklären der Rechtfertigung der ausgeschnittendieses Wissensgebiets und die globalen Richtlinien der Arbeit, die versucht wird, mit dem durchgeführt zu werden Studenten.

Einführung

Sei welcher sein der Inhalt was Ich kenne will arbeiten, ist wichtig was der Web-Quest Ich kenne gegenwärtig- auf attraktive Weise für die Studierenden. Zu diesem Zweck ist es angebracht, eine Frage zu stellenInitial was Dienen von "Haken" zum aufwachen der Interesse von der Studenten von der Anfang.Die Einleitung -klar und knapp- sollte Pose ein Lage problematisch zu aussortieren wasappellieren an die Neugier und implizieren eine Herausforderung.

Hausaufgaben

Es ist einer der wichtigsten Teile. Der Lehrer entwickelt seinen Einfallsreichtum und seine Kreativität sich interessante Aufgaben ausdenken, die den Lehrplanzielen entsprechen, vermeiden Überfülle von Anweisungen und Richtlinien.

Ist wichtig zu konzentrieren an der Verständnis von ein oder zwei aktuell erheblich was bildenTeil der Thema Rektor von der Web-Quest. Die Vorschlag ist Design ein Hausaufgaben authentisch was Ich trug zu der Transformation von der Information vermeiden der Trend zu der bloß Reproduktion.

Es gibt viele Kategorien von Aufgaben, um ein gutes Webquest zu entwerfen. Einige Beispiele- Beispiele können sein: ein Problem oder Mysterium lösen; eine Position formulieren und verteidigen; ein Produkt entwerfen; eine komplexe Realität analysieren; eine überzeugende Botschaft hervorbringen eine journalistische Behandlung; Informationen sammeln usw.

Verfahren

Ist der Teil grundlegend von ein Web-Quest Gut entworfen? Die Prozess sollte zustimmen mit der Bezeichnung von der Hausaufgaben. Ist Bestätigt durch

Schritte was der Studenten Muss ausführen,mit den in jedem Schritt enthaltenen Links.

Es ist an der Zeit, die Komplexität des Forschungsvorschlags zu organisieren. Die Ausgestaltung des Prozesses erfordert zudem die Einbeziehung eines weiteren zentralen Grundsatzes der Webquests: die Aufteilung in Rollen oder Perspektiven, Merkmale des kollaborativen Lernensbinden. Hier wird für jede Aufgabe eine Reihe gut strukturierter und präziser Teilaufgaben definiert. Ein der Rollen, die die Schüler annehmen werden.

Die Design von Webquests verfügen über zwei Herausforderungen: erreichen an sind Aktivitäten und Schritte ein wahr-Deko Gerüst kognitiv zum der Studenten und fördern der Verhandlung von BedeutungenKomm herein die Schüler danach eine kollektive Produktion.

Ressourcen
Dieser Abschnitt listet die zuvor ausgewählten Websites auf, damit die Benutzer dies tun können Studenten kann zu konzentrieren an der Thema zu Anfragen und vermeiden der Navigation zu der Drift.

In Wirklichkeit können die Ressourcen in einem separaten Abschnitt präsentiert werden oder werden je nach zu besetzenden Rollen allgemein oder personalisiert in die Prozessphase einbezogen werden untersuchen. Zusätzlich zu Websites ist es oft praktisch, mit anderen Quellen zu erweitern und empfehlen andere Arten von Ressourcen wie z Zeitschriften, Bücher, Umfragen, Diagramme usw.

Auswertung
Ziel ist es hier, die Gruppenbewertung des Produkts und die Selbstbewertung zu fördern individuelle Erfolge. Eine Bewertung muss klar und konkret sein; Das ist mehr als ein Reflexionsprozess, da es Lernen durch Bereitstellen begleitet und lenkt in Informationen, um zu wissen, wie man den Bau kontinuierlich umleitet Wissen.

Anforderungen von Verwaltung durch Teil der Lehrer
Identifizieren Stufen der Entwurf Lehrplan, von Klassenzimmer oder

institutionell, an der Ich kenne wird sich integrieren das Werkzeug unter Berücksichtigung seiner Besonderheiten und Möglichkeiten.

Design der Aktivitäten mit der Werkzeug haben an Rechnung ein Diversität von mit-Zeichen, Interessen, Fähigkeiten und Zugang zu Multimedia-Ressourcen.

Vorschlagen Slogans was integrieren unterschiedlich Redewendungen (Oral, geschrieben, audiovisuell, hyper- textlich) und Sprachgenres (Erzählungen, Interviews, Berichte, etc.).

Definieren Sie auf einfache Weise Thema, allgemeines Ziel, Inhalte und Schlüsselbegriffe, diekomplexe Probleme aus einer Vielzahl von Perspektiven anzugehen (entmystifizieren Stereotype, der Arbeit mit der Multikausalität, identifizieren Komponenten

Subjektiv in der Informationsproduktion und Wissenskonstruktion, Betonung in Begriffen dynamischer Prozesse usw.)

Durchführen ein Suche explorativ von Material erhältlich an der Thema an Websites Netz, CD oder Andere Materialien Digital, und der prüfen von ihr möglich Änderungen, Aktualisierung und der Aussagekraft des Materials. Erwägen Sie die Möglichkeiten, um kollaborative Dynamiken zu erzeugen abortiv mit Lehrern verschiedener Fächer.

Bewerten Sie die Komplexität des Inhalts und der Struktur der identifizierten Websites (fa-Leichtigkeit Navigation) und eine Vorauswahl treffen Ihnen.

Überprüfen der Gültigkeit von der Quellen ausgewählt was Ressourcen zu verwenden.

Präsentieren Sie den Schülern die Strategie, teilen Sie sie in Gruppen ein und spezifizieren Sie die Arbeit Gruppe und der Individuell, und der Momente von Reprise an Gruppe groß. Monitor derProzess und bewerten Sie das Lernen in jedem Bühne.

Durchführen rekapituliert systematisch von Themen, Ansätze, Schlussfolgerungen vergänglich, und von Hausarbeiten an Gruppen, Untergruppen und mit der Gruppe gesamt zu Ende von platziere sie an der Prozess

97

global,in der Produktion erzeugt und in der sie erbracht werden müssen.

Schaffen Sie Reflexions- und Sensibilisierungsräume für die Studierenden bezüglich der Ko- Kenntnisse, Verwendungen, Bedeutungen und Möglichkeiten des Werkzeugs im Projekt (erkundigen an Praktiken Methoden Ausübungen häufig mit TIC an Bereiche Nein Schulkinder; debattieren an Ähnlichkeiten und Unterschiede zwischen dem Werkzeug, mit dem gearbeitet wird, und anderen bekannten; über die reflektieren Komplementarität und der Neu Anwendungen von Werkzeuge bereits Bekannte; antizipieren Moderatoren, Hindernis, Kontroversen und Risiken was kann entstehen bei Arbeit mit der Werkzeug).

Besänftigen Bedingungen zum generieren sucht von Information relevant und SIG-nificativ (das echte Interesse der Schüler motivieren; Ziele definieren, die integrieren curriculare Leitlinien mit studentischen Anliegen; Prioritätsquellen auswählen Stärkung der wissenschaftlichen Strenge, Zuverlässigkeit der Informationen, Sprachstil, ästhetisch, der Vermögen von Material Multimedia, etc.; favorisieren der verwenden flexibel aber Wirksam derZeit, das Aufkommen neuer Anliegen oder Fragen aus der Suche zu fördern eingeplant ist und in späteren Aktivitäten aufgegriffen werden kann; Instanzen fördern spielerisch und kreativ was offen zu der Emotionen, der Ausdruckskraft und der Vorstellung an Drehkreuzzum behandelten Thema.

Planen Modi von Kommunikation, Archiv und Kommunikation von der Produktionen Ja wirklich-von den Schülern gegeben.

Empfehlungen Alternativen zum der Fall von Nein existieren Verbindung zu der Netz

Die Web-Quest ist, was bereits Ich kenne Ha Sprichwort, ein Werkzeug Digital was organisieren der Suche Informationen auf verschiedenen Websites. Allerdings sind die schiffbaren Bedingungen Ich kenne Sie können generieren an ein Intranet. Und dazu, der Seiten was Ich kenne gehen zu verwenden und VerknüpfungSie können Runter und Kopieren an ein Prozessor von Text zum später ausführen der Hyperlinks entsprechend und pflegen Sie diese, auch wenn kein Internet vorhanden ist, immer pflegen den Hinweis auf die betreffende Quelle beizubehalten. Auch SuchslogansSie können verweisen auf digitale Enzyklopädien oder auf andere CD-ROMs.
Unterschied mit Andere Werkzeuge zum der Forschung

Die Schatzsuche, auch „Schatzsuche" genannt, ist ein weiteres Instrument der Suche geführt von Information. Besteht an ein Blech von Route was die Geschenke ein Serie von Fragen zu einem Thema und eine Liste von Orten (Dateien oder Websites), an denen sich Studierende befinden Sie können uns die Antworten finden. Häufig als Abschluss der Entwicklung der Aktivität und als Abschluss ist eine integrierende Fragestellung enthalten, die dies erleichtert Organisation der gesammelten Informationen. Anders als bei der Webquest ist der Prozess von Die vorgeschlagene Suche hat eine linearere Abfolge und zielt nicht darauf ab, hineinzustecken abspielen die Vielfalt der Perspektiven.

Der Fahrplan einer Schatzsuche kann mit einem Prozessor erstellt werden Text, Präsentationssoftware oder *Online-Vorlagen*. Die zu durchsuchenden Orte Sie können sein untergebracht an der Internet Eingerichtet an der Schule, an unterschiedlich CD mich an WebsitesInternet-Website.

Dies ist eine nützliche Strategie, um Inhalte zu präsentieren, Wissen zu vertiefen zu einem Thema und um das Lernen zu bewerten. Kann als Aktivität betrachtet werden Gruppe, einzeln oder in Kombination beider Modalitäten.

Chancen
Zum der Kommunikation zu durch von Blog
Einige der pädagogischen Möglichkeiten der IKT bestehen darin, die Fähigkeiten zu verbesserndes von Kommunikation von der Studenten, generieren Neu Formen von Ausdruck und besänftigen der Beteiligung an der Lebenszeit öffentlich zugänglich. Durch der Technologien Digital Ich kenne stammen Neu Perspektiven der Wechselbeziehung mit anderen, die die Konstruktion von stärken können Identitäten Individuell und Kollektiv, und favorisieren der Produktion Sozial der Wissen.

Wie wir in den vorangegangenen Abschnitten festgestellt haben, für ein angemessenes Training des Neuen Generationen ist unverzichtbar was der Schule Nein allein unterrichten zu untersuchen und organisieren kri-ethisch und kreativ die Informationen, sondern auch, dass es die Möglichkeiten gibt, zu produzieren Informationen und Kultur.

Für die Entwicklung der kommunikativen Funktion aus der Nutzung von IKT im Feld Schule Ich kenne Ha ausgewählt, zu Modus von Beispiel, ein Format

Spezifisch von immens Ich wuchs auf-heute: das Weblog, auch "Blog" oder "Log" genannt.

Weblog: Synthese aus dem Tool

Existieren vielfältig Formen von begreifen die Blog. Diese sie können sein Gedanke was:

EIN Veröffentlichung an Linie charakterisiert durch der Aufbau chronologisch umkehren von derEintrittskarten, an der was Ich kenne abholen, zu Modus von Täglich, Links, Nachrichten und Meinungen von Urheberschaft hauptsächlich Single mit ein lässiger Stil und subjektiv. [48]

Ein Raum für asynchrone Kommunikation, der im Allgemeinen dazu dient, Ideen auszudrücken oder Meinungen aus einem schriftlichen Format, obwohl Sie auch Fotos, Grafiken,cos und Zeichnungen, Audio- oder Videosequenzen. [49]

Ein Kommunikationssystem, in dem alle Redakteure, Mitarbeiter und Kritiker sind, z. Ich befehle ein multidirektionales Austauschschema. Ein Weblog ist eine Webseite dynamisch in welchem Besucher beteiligen sich aktiv. [Fünfzig]

Blogs bieten die Möglichkeit, verschiedene Kommunikationsformen, Sprachen und auch Re-Kurse von Internet. Portion Was Sucher da ermöglichen Pose Verknüpfungen spezifisch mit AndereWebsites verknüpft zum Thema was Ich kenne Versuche [51], Ich kenne Sie sehen aus wie zum Email durch der Stil informell von Kommunikationwas Ich kenne Verwendet mit Frequenz an Sie und Ich kenne ähneln zu der Foren von Meinung bereits was der Leser kann-geben Sie teilnehmen an der Gebäude der Thema oder Debatte beitragen ihr Kommentare [52]. Die Möglichkeit, ohne besondere Fachkenntnisse eine Form zu habenAnwendung an Linie, der Trinkgeld, der Leichtigkeit von betreten, der Wahrscheinlichkeit von Einfügung Verknüpfungen oder Verknüpfungen und seine Interaktivität [53] Sie sind etwas von der Merkmale und Funktionen was erleichternseine Adoption im Bildungsbereich.

An Bedingungen Allgemeines, der Blog Muss in Betracht gezogen werden Werkzeuge durch bedeutet, mittel von der Studenten Sie bauen Wissen an Interaktion mit der Andere. Ich kenne behandelt von ein GelegenheitVati zum was der Studenten abspielen ein Papier aktiv was ermöglichen geben Sie Rechnung von der Prozesse was Erfahrung, Antwort zu Bedenken eigen und von der Rest, emittieren Meinungen, Diskussion erzeugen , einen Beitrag leisten etwas Information und eingreifen an ihr Kontexte von Lebenszeit. Chance zum Manifest ihr Interessen, braucht, Gewissheiten, Zweifel und Interpretationen an etwas Themabestimmtes. Aus der Erstellung von Weblogs werden die Studierenden dann in Autoren, Produzenten von Inhalt und Anbieter von Information. Ausführen Beobachtungen, Fragen und Antworten. Dan und bekommen *Feedback,* Ich kenne anschließen, Sie helfen zu Filter Information. Verfügen über der Wahrscheinlichkeit von nehmen der Wetter zum denken, organisieren der Ideen [54].

Beiträge pädagogisch von der Arbeit mit Blog
Gefälligkeiten der Arbeit mit unterstützt Multimedia.

Entwickeln der Fähigkeiten gesprächig und Neu Formen ausdrucksvoll von der Studenten zu durch neue Formate.

Form Fähigkeiten zum der Schreiben hypertextuell und der Produktion von Materialien Multimedia.

Gefälligkeiten der Verwaltung von der Überfülle von Information zum Extrakt Sinn von ist.

Entwickeln der lesen Beurteilung, der Fähigkeiten von Suche und Auswertung von Information, und die Annahme von Auswahlkriterien für zuverlässige Quellen.

Wird besser die Fähigkeiten von Verständnis und von Textproduktion.

Es fördert autonomes und kooperatives Lernen und begünstigt die Entwicklung von Fähigkeiten Städte metakognitiv u die Auswertung von Prozesse.

Fördert der korrekte Nutzung und ethisch von Information, ebenso gut wie der abnehmen Entscheidungen.

Erleichtert der Austausch mit der Andere (Begleiter, Lehrer, Mitglieder von der Gemeinschaftnahe gelegene oder entfernte Städte).

101

Stärkt der Gebäude von der Identitäten Individuell und Kollektiv.

Entwickeln der Kreativität.

Stärkt eine Pädagogik Fokussiert Schüler.

Entwicklung von der Werkzeug

Die Blog Sie sind Werkzeuge von Kommunikation, Multimedia, interaktiv, flexibel und dynamisch. Erlauben integrieren Redewendungen, Inhalt und Ressourcen an Drehkreuz zu ein Diversitätvon Zwecken. Entsprechend der Art des veröffentlichten Materials werden sie klassifiziert in Foto-Blogs, Video-Blogs, Audio-Blogs und Mob-Logs (Inhalte, die erfasst wurden von Mobil- oder Mobiltelefonie). Sie zeichnen sich durch ihre häufigen Updates und aus da favorisieren der Kommunikation von Charakter multidirektional Die bloggen Sie sind Räumezum Ausdruck der Autoren, an der sich die Leser aktiv beteiligen können tun Kommentare und werden so zu Ihren Mitschöpfer.

Etwas von der Aktivitäten notwendig zum der Produktion von ein bloggen Sie sind der Suche,der lesen, der Auswahl und der Deutung von Information an ein Thema. Ist durch es dass die Verwendung dieses Instruments in pädagogischen Vorschlägen ein primärer Weg ist ist privilegierte Erfassung, Systematisierung und Dokumentation von BauprozessenIndividuell und Sozial der Wissen. Die Interaktion mit ist Form von Veröffentlichung und vonDer virtuelle soziale Austausch ermöglicht es den Schülern, einen Prozess zu starten, in dem sie schrittweise vorankommen Geist Ich kenne gehen Herstellung Experten an ein Gegenstand und durch der was Sie können erreichen zu werden an Informationsquelle und Referenz für andere Blogs, die das gleiche Thema ansprechen .

Bearbeiten und zu posten ein bloggen es impliziert Ort an abspielen ein Serie von Fähigkeiten verwiesenzur Organisation von Information, Ausdruck und Reflexion über die Prozesse von Kommunikation [56]. Erstens ermöglichen Ihnen Blogs, Informationen durch Erstellen zu organisieren Kategorien und Ketten von Information zu durch von Verknüpfungen Komm herein Sie. Diese Verfahren-

102

Husten das Abrufen und Anwenden von Informationen zu den zu besprechenden Themen begünstigen, Probleme zu aussortieren. Von Ost Modus, der Blog Ich kenne Konvertieren an ein Chance zum

Verwalten der Überfülle von Information an Internet [57], kontextualisieren und organisieren derRede an Form hypertextuell. Was ist mehr, ist möglich sagen was sind Strukturen von öffentlich zugänglich-kation im Internet und die Elemente, aus denen sie bestehen, führen zu innovativen Wegen Erzählungen und generieren Neu Praktiken Methoden Ausübungen zum debattieren und zu streiten.

Auf die gleiche Weise können Blogs als wertvoller Raum für Meinungsäußerung konzipiert werden; Austausch und Beteiligung Sozial, Politik und kulturell von der Studenten. Die Auswahl derTitel des Blogs, das Thema, die Perspektive, aus der die Inhalte angegangen werden, die Auswahl von Quellen, der Information persönlich/kollektiv was Ich kenne bietet an, der Verzeichnisse an der was Ich kenneregistrieren, das verwendete Design, die ausgewählten Farben, Töne oder Bilder, die Linksder Blogroll oder die Kommentare sind die Ressourcen, die ein Weblog zur Stärkung, Identität ausdrücken und kommunizieren. Ein Weblog nimmt im Netz öffentlichen Status an, indem es eröffnet wird Raum für die Verbreitung von Ideen darüber, wer und wie ihre Autoren oder Leser sind.An welche Vision von Welt, die sie besitzen, was motiviert sie bzw was sie beunruhigt

A) Ja, Ost Format trägt bei zu der wird besser von der Fähigkeiten gesprächig und von Ausdruck.Die Autoren erstellen Artikel mit dem Ziel, bekannt zu machen, was sie wissen, denken und fühlen, und die Leser beteiligen sich aktiv, indem sie ihre Kommentare hinterlassen. Diese Dynamik bedeutet, dass Texte klar genug produziert werden müssen inbegriffen durch der der Rest (sein diese Lehrer, Studenten oder der Gemeinschaft an Allgemeines).Der Dialog mit anderen liefert seinerseits nützliche Informationen für die Selbstregulierung. nung und Überwachung des Lernprozesses selbst. Im Gegensatz zu anderen Tools die Gespräche unterstützen, wie Foren, Weblogs geben Autoren a Frieden persönlich und, gleichzeitig, ein Platz Sozial. Ist sagen, "gewähren ein Platz zum der Reflexion Individuell, zum der Schallplatte von der Evolution von der Ideen zu es Länge der Wetter,für mehrfache Verbindungen und Austausch in verschiedenen Räumen" [58]. Ebenso die Die Mitteilbarkeit einer Botschaft wird für diese Schüler zum Gegenstand der Reflexiondie gehört werden wollen.

103

Und dazu, der Nutzung der bloggen ermöglicht schaffen und entwickeln ein Neu Bühne von Ausdruck, der in zweierlei Hinsicht notwendig und wertvoll ist. Erstens, weil es bekannt ist das aufgrund persönlicher Eigenschaften, der Angst, falsch zu liegen oder Schwierigkeiten beim Präsentieren In der Öffentlichkeit [59] nehmen nicht alle Schüler am Unterricht teil und die Interaktionen werden reduziert zu einer kleinen Gruppe. Durch das Erstellen und Kommentieren von Blogs können Sie darüber sprechen Sinn. Zweitens beinhaltet das Organisieren eines Weblogs das Organisieren von Ideen, das Aufstellen eines Zeitplans, Zweck, sich ein Lesegerät vorstellen und bauen, sich ausdrücken, einen Gedanken systematisieren usw. Von Auf diese Weise ist der große Vorteil, den diese Art von „virtuellen Genres" gewährt, dass sie bringt der Form von "verfügen über Stimme an der Netz" von Weg sehr einfach. "Verfügen über Stimme", an Sinn BIN- ply, als Ausdrucksmöglichkeit bezüglich der Interessensthemen einer Person bzw eine Gruppe und die erweiterte Kommunikation derselben mit anderen Menschen, mit denen sie es nicht tun Teilen Sie einen Raum, keine Zeit.

Andere Fähigkeiten, die während der Interaktion mit dieser Art von Up-Anwendungen virtuell Sie sind der von bilden an der Neu Medien von Kommunikation, schaffen
EIN Reflexion eigen, sein ein Denker kritisch, generieren Punkte von Ansicht Alternative und einen Beitrag leisten-bring sie zu den anderen. Innerhalb der Reflexionsmöglichkeiten, die durch die Arbeit mit entstehen Blog Ich kenne öffnet ein stark Linie von Ausbildung und Debatte an Drehkreuz zu der "Ethik" von diesedie produzieren. Rechtliche Rahmenbedingungen, Meinungsfreiheit, Achtung anderer Ideen, Siehst du, der Analyse von der Situationen Sozial, der Reflexion Über von der Formen angemessen von Ausdruck an Drehkreuz zu der Ziele und Kontexte an der was sie werden zirkulieren der Beiträge Sie sindaktuell Ausbildungszentren für dieses Tool [60] .

Existiert ein Diversität von Blog vorgesehen zu endet lehrreich oder *Esswaren*. Etwas vonSie werden erstellt von:

Lehrer [61,] um einen Raum für asynchrone Kommunikation mit zu schaffendie Studenten. Über dieses Medium können Lehrkräfte Stundenplan Richtlinien zum der Realisierung von Hausarbeiten, öffnen ein Platz virtuell von Fragen und

104

Bemerkungen, Schicken Aktivitäten, Literaturverzeichnis und Verknüpfungen zu Websites Netz von Beratung.

Lehrer -*Weblogs* werden für die Kommunikation, In- Teilen, Planen, Forschen und gemeinsames Produzieren unter Gleichgesinnten (Bildungsmaterialien; multidisziplinäre Projekte, Systematisierungskon- Lehrpraxistafel etc.).

Schüler, um individuelle Schulerfahrungen zu veröffentlichen und Kollektiv. Diese Blogs können durchgeführte Aktivitäten kommentieren, präsentieren Unterlagen von Arbeit, organisieren kooperativ ein Forschung, ein- rar die Entwicklung von Projekten und deren Ergebnisse. Das sind Räume, die Feedback ausschließlich vom Lehrer zulassen und/oder von ihren Kollegen. In Bezug auf die Einzelarbeit ist ein ex- Erfahrung, die sehr interessant sein kann, ist das persönliche Protokoll der Schüler. Diese Registrierung kann während der gesamten Durchreise verlängert werden Schule, ermächtigend der Gebäude von der Identität und der Verfolgung von dereigene Geschichte.

Lehrer und Schüler im Klassenzimmer, um nach Disziplinen oder in Projekten zu arbeiten multidisziplinär oder quer. Die bloggen von Klassenzimmer favorisieren so sehrGruppenarbeit innerhalb eines Kurses, z. B. zwischen Kursen und Schulen. Sie können verwenden auf vielfältige Weise aufbewahrt werden, wie z. B. als Klassentagebuch, Notizbuch o.ä digitales *Portfolio.*

Mitglieder von der *Institution Schule,* zum geben Sie Rechnung von seine Geschichte, Ideologie,Projekte, Verbindungen zur Gemeinde usw.

Dies muss angesichts des Potenzials von Blogs als Raum berücksichtigt werden zum der Sichtweite öffentlich zugänglich, der Produktion von der Studenten ist an Bedingungen von transzendieren-rechts der Klassenzimmer. EIN Bloggen kann sein ein Chance von Interaktion mit Andere Räume Innerhalbvon Schule, andere Schulen, Organisationen oder Gemeinschaften in der Nähe oder entfernt.

Struktur der bloggen

EIN bloggen ist gebildet durch verschiedene Komponenten [62]:

Header: ist der Name oder Qualifikation was der oder der Autoren zuordnen zum bloggen. Dürfen-ein Bild enthalten.

105

Kategorien oder Themen: System, mit dem Sie den Inhalt des Blogs organisieren können nach den von seinem Autor festgelegten Kriterien. Im Allgemeinen sind diese Kategorien Sie befinden sich in einer Spalte neben dem Hauptteil des Blogs.

Artikel, Beitrag oder Eintrag: Er bildet das zentrale Schriftgut eines bi- Tacoma. Je nach gewähltem Publikationssystem arbeiten, der Eintrittskarten oder *Beiträge* Ich kenne identifizieren mit Datum von Veröffentlichung und Kategorie zuder sie gehören.

Bemerkungen: der Möglichkeit von Kommentar der Eintrittskarten Es erlaubt zum Besucher Lassenihre Meinung zu den in diesen veröffentlichten Inhalten, verdeutlichen oder erweitern das Gelesene mit neuen Daten, Links oder Reflexionen. Jeder Blogeintrag ist für sich genommen ein kleines Forum. Kommentare ermöglichen es Besuchern, Feedback zu geben und zu ergänzen Männer und verbessern Artikel.

Trackbacks – Diese Komponente, auch *Querverweis genannt, Dada* oder *umgekehrt, Backlink* oder *inverser Link,* ist ein Element, das Teil des istInhalt einiger Blog-Publishing-Systeme und dient dazu Lass es ihn wissen zum Autor von ein Bloggen was an andere Bloggen Ich kenne Ha inbegriffen ein *Verknüpfung* oder Verknüpfung was esbindet mit irgendein von ihr Artikel. ZU mal Ich kenne es Verwendet wann Ich kenne will macheneinen Kommentar zu einem Inhalt abgeben und das am besten auf dem Blog selbst tun kann mehr verbreiten.

Syndikation von Inhalt (RSS) oder Aggregatoren von Nachrichten: Danke zu Sie, einDer Benutzer kann die Nachrichten aller gewünschten Blogs lesen, ohne sie besuchen zu müssenTeer sie ein zu ein; Damit, durch Beispiel, ein Professor kann lesen alles es was ihr Studentenin ihren Blogs gepostet haben, indem Sie sie einfach zu Ihrer Liste hinzugefügt haben.

Anforderungen von Verwaltung durch Teil der Lehrer
Definieren der Ziel Allgemeines, Einrichten der Thema und Art von Entwurf was werde haben der bloggenoder Blog für die Entwicklung des pädagogischen Vorschlags.

Führen Sie explorative Suchen in Blogs, Websites, CDs oder anderen direkten Materialien durch. Vitals, die sich mit dem Thema befassen und/oder die gleichen Ziele haben. Materialien auswählen entsprechend ihrer Komplexität und Relevanz, die als Inputs für die dienen Wachstum eines Weblogs für Bildungszwecke.

Zur Auswahl der Art von binnakel was wird sich entwickeln mit ihr Studenten (Individuell, Gruppeoder Kollektiv; offen oder geschlossen).

Design der dynamisch von Interaktion Komm herein der Blog und seine Integration zum Arbeit an der Klassenzimmer.
generieren Räume zum der Reflexion und Sensibilisierung von der Studenten Respekt der wissen- Ich lüge, Anwendungen und Sinne an Drehkreuz zu der Werkzeug an der Entwurf (Anfragen an Praktiken Methoden Ausübungenhäufig mit IKT in außerschulischen Umgebungen; Gemeinsamkeiten und Unterschiede besprechen zwischen dem Werkzeug zum Arbeiten und anderen bekannten; Reflexion über die Komplementarität Vati und der Neu Anwendungen von Werkzeuge bereits Bekannte; antizipieren Moderatoren, Hindernis,Kontroversen und Risiken die eventuell aufkommen auf Arbeit mit dem Werkzeug).

Besänftigen Bedingungen zum der Schreiben von der Blog (motivieren der Interesse echt von derStudenten; ein Klima des Vertrauens aufbauen; Ziele definieren , die curriculare Leitlinien integrieren Laser- mit Bedenken von der Studenten; favorisieren ein verwenden flexibel aber Wirksam der Wetter ander Klassenzimmer was betrachten der Perioden notwendig zum der Schaffung; favorisieren ein Erste Moment- zu zum der Ausdruck und neu ein Sekunde Wetter zum der Korrektur grammatikalisch oder Rechtschreibung; schüren der Autokorrektur, der lesen Komm herein Paare und der umschreiben; favorisieren Instanzen vonAnalyse von Produktionen und der Reflexion an der Pluralität von Interpretationen; schüren ein-Trance spielerisch und kreativ was offen zu der Emotionen und der Vorstellung an Drehkreuz zu der Thema das Ich kenne Planke; Respekt der Formen vielfältig von organisieren der Information; integrieren Codes undModalitäten von Ausdruck eigen von der Jugendliche mit der was Ich kenne funktioniert).

Nutzen Sie diese innovative Kommunikationsform, um den Lernprozess zu überwachen. Lehren, Interventionen durchführen, um das Lernen zu verbessern, Richtlinien zu senden und Materialien der Arbeit und das Lernen beurteilen die Studenten.

Ermutigen der Schaffung von Gemeinschaften von Lernen:

Generieren Sie Instanzen, um Informationen auszutauschen und persönliche Ideen auszudrücken um Lehr- und Lernprozesse zu verbessern. Aufstellen ein neuer Kanal Kommunikation zwischen Lehrer und Schüler.

Fördern Räume zum interagieren mit ihr Paare Lehrer mit der Ziel von kom-Erfahrungen teilen, Materialien austauschen, gemeinsam planen und durchführen Forschung.

Legen Sie institutionell die Veröffentlichungskriterien fest.

Schlagen Sie eine Aktualisierungsdynamik gemäß den Möglichkeiten des Projekts vor Schüler und Ressourcen.

Schaffen Sie Reflexionsräume für ethische Fragen und Verantwortung in der Generation Rationierung von Inhalten und im Prozess der sozialen Kommunikation.

Leiten Sie die Schüler in Designprozessen und Kommunizierbarkeit an.

Generieren Räume von Reflexion über die Glaubwürdigkeit aufbauen.

Voraussehen Momente zum lernen zu handhaben der Werkzeug an wachsend Grad von kom-Laxheit. Fördern Sie eine flexible und effiziente Zeitnutzung. Berücksichtigen Sie die Fristen Produktion der Arbeit, sowohl individuell als auch in der Gruppe [63].

Unterschiede mit Andere Werkzeuge zum der Kommunikation

Der bemerkenswerteste Unterschied zwischen Blogs und traditionellen Webseiten ist der Erstere erzeugen Fälle größerer Interaktivität mit ihren Lesern (Eintrag von Kommentare) und Beziehung zu anderen Blogs und Websites (Einbindung von Verweisen Frequenzweichen oder *Trackbacks*) . Das vorherrschende Kommunikationsmodell ist bidirektional Blogs und unidirektional auf Webseiten. Im letzteren Fall die Information vom Autor an die Leser. Es gibt einige, die dynamischere Räume haben, wie z einschließlich E-Mail, und andere enthalten als weiteres Element a bloggen. Die Weblogs werden dank der einfachen Bearbeitung häufig aktualisiertund zu posten. Was ist mehr, der Archiv von der Information an Befehl chronologisch umkehren und der Indisch- Kation von neuen Eingaben vereinfachen die Zugriff auf die Informationen u deine Lektüre.

Mit Beziehung zu der Unterschied mit der Foren von Diskussion Ich kenne Höhepunkte was "Die Wahrscheinlichkeit vonDie von Weblogs bereitgestellte Interaktion ergänzt die Funktion von Foren. Diese sind immer noch sehr gültig, um Debatten innerhalb einer Arbeitsgruppe anzuregen. DieBlogs sind jedoch nützlicher bei der Organisation der Konversation, wenn was ist zielt darauf ab ist beizutragen neue Daten und Links (Wise,)" [64].

Schließlich unterscheiden sich Webquests von Weblogs hauptsächlich im Format und die Präsentationsstruktur des Vorschlags. Das Weblog organisiert die Veröffentlichung durch Termine von jeden Veranstaltung, während was der Webquests Ich kenne finden organisiert mit Achse ander Bar von Navigation was einführen zum Schüler in dem Aktionen zu ausführen. Literaturverzeichnis.

109

www.ingramcontent.com/pod-product-compliance
Lightning Source LLC
LaVergne TN
LVHW051708050326
832903LV00032B/4069